Et si on faisait confiance aux intrapreneurs ?

Quentin Faucret
Mai 2019

ISBN 978-2-9569589-0-1
Imprimé par Amazon - Dépôt légal : août 2019

« L'innovation n'a rien à voir avec la somme que vous êtes en mesure de dépenser en R&D. C'est une affaire de personnes, de comment vous êtes dirigés et de quelle énergie vous y mettez »

Steve Jobs

PRÉFACE

Depuis 130 ans, l'histoire du Groupe Michelin est marquée par une succession d'innovations : des innovations en continu d'évolution de gammes, des innovations de procédés et de matériaux, et des innovations de rupture. Toutes s'inscrivent dans la raison d'être du Groupe - offrir à chacun une meilleure façon d'avancer - et dans sa stratégie au service de la mobilité durable.

Ces innovations sont évidemment réalisées dans le cœur de métier de Michelin, le pneumatique : c'est le cas du pneu radial, breveté dès 1946 et qui devient le standard de l'industrie quelques années plus tard. Ou du CrossClimate- le pneu été homologué hiver en 2012 - qui capitalise sur des expertises uniques en science des matériaux et propose une performance optimale dans la durée et par tout temps.

Mais l'innovation, chez Michelin, est aussi dans les services autour du pneu et au-delà, pour accompagner la mobilité des personnes et des biens. En 1919, le Bureau des itinéraires est créé (Bd Pereire, à Paris). Il sera le véritable ancêtre du site internet et de l'appli ViaMichelin, présents dans plus de 45 pays. Pour les flottes et les professionnels, Michelin innove encore et vend ses pneus, non plus comme des produits, mais à l'usage au kilomètre parcouru pour les camions ou au nombre d'atterrissages pour les avions.

Tout cela est possible parce que deux conditions essentielles au succès sont réunies : d'une part, une forte volonté stratégique de continuer à développer le Groupe Michelin, en trouvant de nouveaux relais de croissance avec une vision à long terme. D'autre part, des conditions favorisant l'innovation à travers un incubateur-accélérateur « maison » (Incubator Program Office), et du Venture Capital (Michelin Ventures).

La question devient alors : comment accompagner l'exécution et permettre l'éclosion et le développement de nouvelles activités, très différentiées et avec des modes de fonctionnements à réinventer, dans un Groupe à la forte culture et aux pratiques bien ancrées depuis 130 ans ?

C'est ce que vous découvrirez dans cet ouvrage, témoignage de l'expérience d'un « intrapreneur » convaincu qui livre les clés d'une exécution réussie selon les principes de l'effectuation.

Vous verrez comment certains grands Groupes, dont Michelin, tentent de résoudre le dilemme de l'innovateur. Surtout, vous trouverez des solutions, directement inspirées des pratiques des entrepreneurs, pour innover en rupture au sein de ces grands Groupes.

C'est un chemin de crête. Pour oser l'emprunter, il faut réussir une alchimie délicate entre les intrapreneurs, les dirigeants et les équipes des activités « historiques ».

Je crois que cette alchimie peut exister chez Michelin, les pages qui suivent en sont la preuve.

N'attendez plus, intraprenez !

Sonia Artinian-Fredou
Directeur,
Lignes Business Services et Expériences de Mobilité et Nouvelles Activités
Membre du Comité Exécutif du Groupe Michelin

SOMMAIRE

INTRODUCTION

Un matin d'hiver, il fait encore nuit et j'ai rendez-vous avec un gérant de fond d'investissement pour discuter d'extrapreneuriat. Devant un expresso, nous débattons des possibilités d'unir nos deux univers : l'innovation des grands groupes et le métier de financement de l'innovation. La voie semble étroite, tant les deux domaines ont des attentes contradictoires, mais elle est inexplorée ! Il faut creuser.

Premier constat, les ingrédients sont là : des entreprises qui cherchent des relais de croissance, des intrapreneurs attachés à développer leur entreprise, des technologies de pointe avec un potentiel à élargir, des moyens financiers à mobiliser,...

Deuxième constat, le désir d'unir ces deux mondes est présent aussi. Les grands groupes ne cherchent-ils pas à développer une culture entrepreneuriale ? Un dirigeant me disait : « Bien sûr que l'on peut être entrepreneur chez nous ! ».

J'ai passé un an à chercher, à échanger, à lire, à essayer de comprendre pourquoi c'était si difficile d'unir ces deux mondes. Pour finalement arriver à la conclusion:

« On ne peut pas dire que l'intrapreneuriat soit impossible, c'est juste beaucoup plus contraint ! »

Voyons pourquoi. Et comment avancer. Après avoir rappelé les nombreuses actions déjà lancées pour relier exploration et exploitation, je propose d'utiliser les repères de ***l'effectuation*** pour identifier les voies de progrès et les butées. Pour contourner ces butées, **l'Extrapreneuriat est une réponse intéressante pour placer les individus au cœur de l'innovation**.

Les entreprises qui ont besoin et envie d'innovation de rupture doivent compter sur les individus et se poser la question :

Et si on faisait confiance aux intrapreneurs !

EN BREF

L'innovation de rupture est un des moyens de diversification envisagés par les entreprises. Mais elle est délicate à mettre en œuvre, surtout quand les entreprises cherchent à utiliser leur organisation courante pour développer de nouvelles opportunités. Comme l'explique C. Christensen dans « ***Le dilemme de l'innovateur*** » : « *Optimiser l'existant, travailler plus fort et sans faire de grosses erreurs n'est pas la solution au dilemme de l'innovateur. [...] Les ressources existantes, les processus en place et les valeurs d'une entreprise ne sont applicables que dans certaines conditions.* ».

Les incubateurs internes ont été créés à la marge des organisations existantes pour permettre l'exploration de business-models et des innovations de rupture. Ils se trouvent à l'interface entre la structure en place et les intrapreneurs, et sont particulièrement exposés au dilemme de l'innovateur. Les principes de ***l'effectuation*** décrivent la logique d'action des entrepreneurs. Ils permettent d'identifier les barrières les plus difficiles à lever et de trouver des actions concrètes pour mieux gérer l'interface entre la structure en place et les intrapreneurs.

Comment les entreprises peuvent-elles réduire le dilemme de l'innovateur à travers les incubateurs internes? En s'appuyant sur l'effectuation :

- **Pas de jury !** On ne peut pas prédire l'avenir, il faut le construire. Un mode de sélection plus collaboratif permet d'encourager la prise d'initiative à plusieurs, tout en conservant un alignement stratégique et opérationnel du portefeuille.

- **Pas d'optimisation !** Avant tout, démontrer les levées d'hypothèses. Le pilotage peut se faire par des indicateurs adaptés à l'exploration et à l'apprentissage, dans un esprit d'équilibrage du portefeuille. Les moyens sont frugaux, la recherche d'optimisation viendra dans un deuxième temps.

- **Pas d'ingérance !** L'incubateur apporte un nécessaire découplage des pratiques optimisées du groupe. Il protège l'autonomie des personnes et des équipes pour que leur intuition puisse s'exprimer.

Les incubateurs contribuent déjà à réduire le dilemme de l'innovateur. Mais finalement, où est-ce que ça coince?

Le blocage se produit au niveau la relation entre l'individu et le processus.

Dans leurs activités « courantes », les entreprises sont nécessairement organisées pour ne pas dépendre d'une seule personne. ***Le processus prime sur l'individu.*** A l'inverse, l'équipe fondatrice est l'essence même de la dynamique entrepreneuriale. ***L'individu constitue le processus.*** L'intrapreneuriat, en cherchant à laisser plus de place à l'individu tout en respectant la structure en place, incarne ce dilemme. C'est en cela qu'il est « 1000 fois plus difficile ».

Pour aller plus loin dans la résolution de ce dilemme, l'extrapreneuriat semble être une piste intéressante. Il prévoit la mise en place d'une nouvelle société dont le contrôle peut être repris ultérieurement par le groupe d'origine. Cela permet la pleine expression des individus pour faire naître le nouveau business. L'équipe gagne des degrés de liberté et peut ajuster la nouvelle structure pour maximiser son développement. L'entreprise d'origine conserve un focus sur son activité cœur, tout en gardant la possibilité d'une reprise de contrôle ultérieure de la nouvelle structure. En cumulant ces sociétés, le groupe se constitue progressivement un écosystème structuré.

Le passage par l'extrapeneuriat permet d'optimiser l'existant sans le dénaturer, de faire émerger une innovation de rupture et de constituer un écosystème d'entreprises coordonnées.

Les entreprises tentent de résoudre le dilemme de l'innovateur

Avant de traiter la question de l'innovation de rupture, il est capital de rappeler tout ce que les entreprises réalisent au quotidien. L'innovation de rupture ne doit pas être mise en opposition, mais bien en complément des activités de la structure en place. Même si elle est difficile à mener, elle reste un levier de croissance important. Réussir l'innovation de rupture devient crucial quand les marges de progrès opérationnel se tassent.

L'OBJECTIF DE CROISSANCE DURABLE PASSE PAR L'INNOVATION

Le progrès continu

>> Développer ses parts de marché

Pour croître plus vite que le marché, les entreprises engagent d'abord la bataille sur le gain de parts de marché. C'est un combat du quotidien, mené par des forces de ventes engagées et par les incitations aux réseaux de distribution. Cette présence est fondamentale pour les entreprises. Elle démontre leur compétitivité et tire les volumes qui constituent une grande partie de leurs bénéfices. Mais cette bataille est souvent un « océan rouge » où ce que l'un gagne, l'autre le perd. (Kim & Mauborgne, Stratégie Océan bleu : comment créer de nouveaux espaces stratégiques, 2015).

Les entreprises peinent à gagner de nouvelles parts de marché.

>> Améliorer son efficacité opérationnelle

En complément des efforts pour l'augmentation des ventes, les entreprises cherchent aussi à réduire leurs coûts. Plus connue pour les entreprises industrielles (mais tout aussi intéressante dans les entreprises de services), l'efficacité opérationnelle fait la chasse aux gaspillages. Elle prend le temps de réfléchir aux actions et aux modes d'organisation, pour un fonctionnement plus efficace. L'approche *Lean* de Toyota s'est progressivement déployée dans le monde industriel, complétée par les démarches 6sigma, 5S et, chez Michelin, MMW (Michelin Manufacturing Way), élargie ensuite au-delà de l'industrie (Michelin Way).

Améliorer son efficacité opérationnelle, c'est prendre le temps de travailler mieux. Pris par le quotidien, la tentation est grande de se focaliser sur l'urgence, sans prendre le temps d'améliorer ses modes de fonctionnement. A l'image d'un bûcheron, coupant inlassablement ses bûches avec une énergie incroyable, mais avec une lame usée. Aiguiser ma lame ? Pas le temps !

Dans les principaux pays industriels, les gains de productivité annuels ont baissé progressivement sur les 30 dernières années. En France, il serait en moyenne passé sous les 1% par an sur la période 2004-2014, d'après l'article publié dans l'usine Nouvelle en 2016. (DAVESNE, 2016).

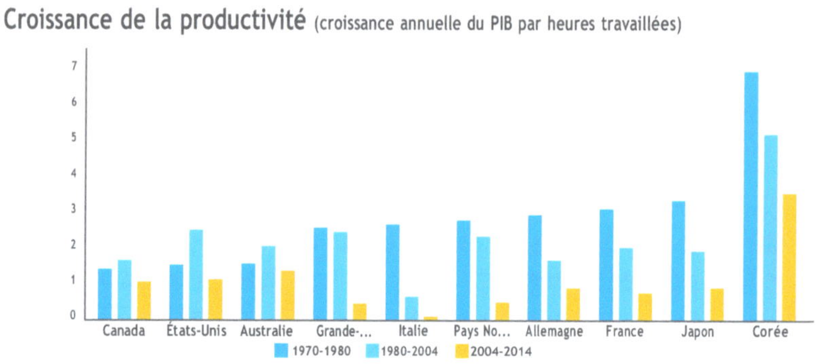

Figure 1 : Croissance de la productivité 1970 - 2014

Néanmoins, une nouvelle vague d'amélioration de la productivité est en cours avec l'arrivée de l'usine 4.0 qui pourrait conduire à une nouvelle marche de gains d'efficacité industrielle.

Le levier de différenciation par l'efficacité opérationnelle semble se réduire, mais des opportunités se présentent avec les nouveaux moyens digitaux.

>> Maîtriser ses coûts de structure

Les frais généraux et administratifs, (appelés en anglais SG&A pour Selling, General and Administrative) ainsi que les frais de R&D jouent un rôle impor-tant dans la résilience des entreprises et leur compétitivité. Ils influent di-rectement sur le « point mort » à partir duquel les bénéfices ont couvert les dépenses indirectes. Ils représentent la première marche à franchir vers la génération des profits, eux-mêmes nécessaires à la poursuite du développe-ment des entreprises.

L'accroissement de ces dépenses suit le développement des entreprises. Mais il peut parfois évoluer plus vite que leur croissance. Le ratio SG&A/ventes est donc particulièrement suivi par les investisseurs, pour tenter de prédire la performance future des entreprises par leur capacité à maitriser ces coûts. (Johnson, 2013-8).

Inversement, les dépenses de RDI sont plutôt perçues comme un effort d'investissement pour le développement futur des entreprises. Mais il y a souvent confusion entre R&D et innovation : « La recherche, lorsqu'elle aboutit, génère une invention qui ne saurait être assimilée à l'innovation » (Morand & Manceau, 2009). L'augmentation des dépenses de R&D n'est pas nécessairement suivie d'une croissance des ventes. (Strategy& | PwC, 2016)

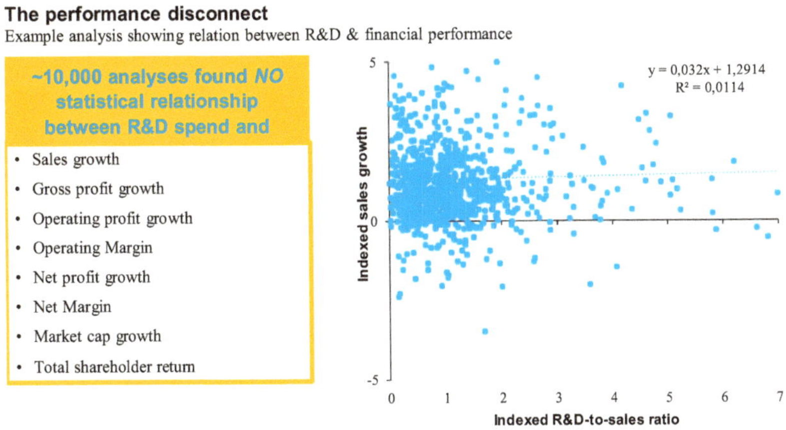

Figure 2 : Analyse du lien entre le ratio de R&D / Ventes et la performance financière

L'importance de la maîtrise des coûts de structure pour les dirigeants est confirmée par la présence de cet objectif dans le calcul de la rémunération variable des cadres des grands groupes. Au sein de Michelin, la rémunération variable des cadres liée à la performance du groupe dépend à 20% du ratio d'efficience : Ratio Efficience : (SG&A + RDI - COM LP - Autres Charges et Produits Opérationnels) / (Marge brute - Frais démarrage)

La maitrise des coûts de structure et les dépenses en R&D est cruciale pour maintenir sa profitabilité.

Innovation incrémentale

Autre levier de croissance organique pour les entreprises : l'innovation incrémentale.

>> Un champ d'application large

L'innovation incrémentale se rapporte aux innovations qui « améliorent la performance des produits établis, sur les dimensions de performance que les consommateurs des marchés de masse ont historiquement évalués. » (Christensen, 1997)

Rappelons que l'innovation n'est pas uniquement le fruit d'une découverte technologique. C'est avant tout une nouvelle manière de satisfaire un besoin. L'innovation peut être segmentée selon l'évolution usage/techno/combinée, puis selon l'objet de la nouveauté : offre/processus/modèle économique.

	Usage	Technologie	Usage et technologie
Innovation d'offre (nouveau produit ou service)	**Rôle essentiel du marketing et du management de la création** Exemples : L'Occitane et son cosmétique à préparer soi-même, compotes à boire Materne	**Importance de la R&D** Exemples : biscuits Mikado de Lu, vélo électrique Matra, chaussures Geox	**Importance du design pour rendre la technologie intuitive à utiliser, rôle du marketing pour analyser les usages** Exemples : Nintendo Wii Fit, collant hydratant Dim
Innovation de processus	**Nouvelle organisation du travail et des processus de production** Exemples : restaurant Relais de l'entrecôte	**Nouveaux processus fondés sur de nouvelles technologies** Exemples : montres Swatch, lavage de voitures Sineo	**Création de nouveaux métiers et développement de nouvelles compétences** Exemples : agence de voyage BtoB Egencia, produits personnalisés
Innovation de modèle économique	**Nouvelle structure de tarification** Exemples : classe affaires low cost L'Avion, journal 20 minutes, Velib'	**Redéfinition du rôle des acteurs et de la répartition des sources de revenu** Exemples : iPod d'Apple, Airbus A380	**Réinvention et convergence sectorielle** Exemples : Google, iPhone d'Apple, vidéo à la demande, appareil photo numérique

Tableau 1 : Segmentation des innovations

(Morand & Manceau, 2009)

Pour élargir encore plus le champ, la stratégie Océan Bleu permet la recherche de nouvelles offres incrémentales. « Les océans bleus relèvent moins de la disruption que de la création non disruptive, où le gain de l'un n'est pas nécessairement pris aux autres ». (Kim & Mauborgne, Cap sur l'océan bleu, 2017). Elle vise à éviter la concurrence frontale (les océans rouges) en identifiant de nouveaux critères d'évaluation de l'offre.

Les entreprises peuvent donc innover de manière incrémentale dans de nombreuses dimensions.

>> Faire les bonnes choses, Faire bien les choses

Le champ d'application est du coup tellement large que l'on peut s'y perdre et se diluer. Innovons ! Innovons ! L'injonction seule n'est pas suffisante. Il semble alors utile de structurer sa stratégie d'innovation, en lien avec son projet d'entreprise. Paul Milier, dans ses nombreux ouvrages sur le marketing et le management de l'innovation, expose une méthodologie de définition de la stratégie d'innovation. En passant par l'« innovator's toolkit », il nous invite à clarifier la stratégie d'innovation pour clarifier l'intention et les objectifs d'innovation.

Sur la base d'un audit du contexte de l'entreprise, une liste de projets potentiels (qui peuvent viser des innovations d'offres aussi bien que des innovations de processus) est identifiée. Puis, les projets sont filtrés et sélectionnés selon une grille établie par les capacités et les besoins de l'entreprise. Cette analyse ancre le programme d'innovation dans le contexte de l'entreprise et aide à prioriser en fonction des ressources. Cette démarche permet également de constituer un portefeuille de sujets, mis en œuvre et pilotés en mode projet (planning, marketing, opérations,...)

Cette méthode est robuste pour le pilotage d'innovations développées dans le champ d'expertise de l'entreprise. Elle aide à définir le cadre indispensable de priorisation des efforts de développement. Elle permet d'éliminer rationnellement les idées marginales, pour lesquelles des ressources ne doivent pas être mobilisées.

Les entreprises cherchent donc à développer efficacement leurs innovations en sélectionnant des axes cohérents avec les attentes de leurs clients et avec leurs ressources.

L'innovation incrémentale offre un relais de croissance supplémentaire, focalisé sur le champ opérationnel habituel des entreprises.

Aborder les ruptures

Comme nous l'avons vu, plusieurs axes de développement s'offrent aux entreprises, chacun avec ses risques et ses opportunités associés.

>> Offensif ou défensif ?

Il existe une voie encore plus risquée, mais passionnante : l'innovation de rupture. C'est un complément aux autres modes de développement, qui nécessite une approche spécifique.

Le caractère disruptif est relatif. Un sujet peut être considéré comme disruptif par une entreprise parce qu'il est très écarté des offres, des processus ou des modèles économiques habituels de la structure en place.

En revanche, ce même sujet pourrait être considéré comme une innovation incrémentale ou de l'amélioration continue par une autre entreprise, chez qui il serait moins éloigné de son activité courante.

L'innovation de rupture, ou changement de paradigme, est souvent « subie » par la structure en place, face au développement d'un nouvel acteur. C'est le cas, par exemple, pour le groupe Accord face à AirBnB, ou la SNCF devant Blablacar.

Le changement peut aussi être construit de toutes pièces par les entreprises qui cherchent à ouvrir une nouvelle voie. L'exemple très connu de Nespresso de Nestlé en est une bonne illustration. Néanmoins, les nombreuses années nécessaires pour concrétiser l'activité et atteindre la rentabilité nous rappellent que le chemin est long et semé d'embûches. Il est particulièrement difficile pour un grand groupe d'organiser sa propre disruption. Le contre-exemple de Kodak en est le symbole, avec une sortie ratée de la photo argentique alors qu'ils avaient inventé la photo numérique.

Qu'elle soit volontaire ou subie, la théorie de Christensen permet de mieux comprendre les ressorts de l'innovation de rupture, les freins naturels et les modes de fonctionnement qui peuvent faciliter sa mise en œuvre.

L'innovation de rupture est une voie complémentaire de développement, pour explorer au-delà du champ opérationnel habituel.

L'esprit entrepreneurial

Face aux difficultés rencontrées pour développer leurs activités à travers les voies classiques, les entreprises cherchent à renouveler leur dynamique.

Elles souhaitent se lancer vers l'innovation de rupture pour ne pas laisser le champ libre aux startups. Elles veulent aussi développer l'esprit entrepreneurial, appelé « Intraprenariat ».

Dans leur travail de « réconciliation », Sharma et Chrisman ont explicité les différentes branches du « Corporate Entrepreneurship » ou « intrapreneuriat ». (SHARMA & CHRISMAN, 1999).

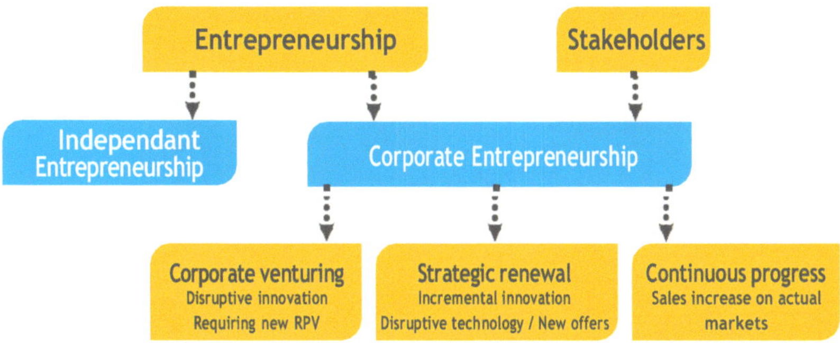

Figure 3 - Distinction de l'entrepreneuriat et de l'intrapreneuriat

On y retrouve la distinction entre « Independant » et « Corporate». Ce dernier est décomposé en 3 grandes branches :

- **Le progrès continu** : qui demande une énergie entrepreneuriale pour améliorer les fonctionnements
- **Le renouveau stratégique** : qui recouvre l'innovation incrémentale et les acquisitions externes reliées au business
- « **Capital-investissement d'entreprise** » ou « Corporate venturing » qui recouvre les activités orientées sur l'innovation de rupture.

Cette décomposition permet de mettre en avant la complémentarité des 3 branches et montre que l'intrapreneuriat n'est pas strictement limité au champ du Corporate Venturing. Chaque activité de développement des entreprises peut être un support d'intrapreneuriat.

AU QUOTIDIEN, LES ENTREPRISES AFFINENT LEUR FONCTIONNEMENT

Dans leur élan entrepreneurial, les entreprises subissent des contraintes de leur environnement et doivent tenir compte de leur structure en place.
Petit détour par le quotidien des entreprises pour décrire une situation générique de départ, à prendre en compte dans l'ébauche de propositions.

RPV, Clients et engagement

Pour améliorer leur performance et adresser les challenges présentés précédemment, les entreprises affinent progressivement leurs **Ressources, Processus et Valeurs** (**RPV** dans la suite du document). Elles développent un équilibre des attentions entre leurs actionnaires, leurs clients et l'engagement des salariés.

Ressources

Les entreprises affinent la gestion de leurs ressources, par une bonne allocation et une évolution du mode de management.

>> Management du XX^{éme}

Au début du XX^{éme} siècle, le management s'est développé en parallèle du taylorisme. Fayol le décrit avec les « 5 éléments d'administration » (Fayol, 1916)

- Prévoir : « supputer l'avenir et le préparer » par un « programme d'actions ».
- Organiser : « munir l'entreprise de tout ce qui est utile à son fonctionnement ».
- Commander : « faire fonctionner le corps social ».
- Coordonner : « mettre l'harmonie entre tous les actes de l'entreprise ».
- Contrôler : « vérifier que tout se passe conformément au programme [d'actions] adopté, aux ordres donnés, et aux principes admis [dans le] but de signaler les fautes et les erreurs afin qu'on puisse les réparer et en éviter le retour ».

La mise sous contrôle des décisions laisse une place limitée pour les prises d'initiatives personnelles.

>> ou responsabilisation

Depuis plusieurs années, la tendance à plus responsabiliser les équipes se développe dans l'industrie. L'approche du LEAN, de Toyota, était déjà très orientée vers l'implication des opérateurs dans l'amélioration continue de leurs outils de travail. La culture de collaboration les invite à réagir, à proposer des évolutions et des adaptations.

Michelin a, par exemple, identifié la responsabilisation comme une des quatre initiatives de progrès : Responsabilisation, Simplification, Orientation Client et Digitalisation.

« Demain, Michelin responsabilisé, *c'est une relation plus directe avec nos clients qui génère plus de performance, de progrès et de capacité à innover. Avec, au cœur, des équipes autonomes et responsables et des managers au service de l'équipe. Des personnes actrices de leur développement et une reconnaissance de la contribution de chacun repensée. Un terrain de jeu défini, dans une organisation moins contrainte et plus décentralisée où l'information circule librement.* » Extrait d'une note interne du groupe Michelin.

La démarche de responsabilisation requiert donc une forte décentralisation. Elle pousse très loin la responsabilité des business managers et fait d'eux de véritables *intrapreneurs*. On retrouve ici les branches « progrès continu » et « renouveau stratégique » de l'intraprenariat, présentées dans la figure n°3 page 10. C'est une modification profonde des modes de fonctionnement. La mise en application sera progressive, donc trop rapide pour certains, trop lente pour d'autres. C'est une démarche passionnante, mais qui se heurte quotidiennement aux aléas des réflexes passés et des habitudes.

Elle est cependant un terreau favorable à l'émergence de nouveaux modes de gouvernance et à plus d'autonomie.

Les entreprises cherchent à évoluer vers plus de responsabilisation des équipes, mais restent confrontées à une évolution lente des habitudes.

S'engager sur des projets significatifs

Réaliser une croissance de 1% pour une entreprise de 20 milliards d'euros de chiffre d'affaire, demande des ventes supplémentaires de 200 millions d'euros. Pour être significatives au sein d'une telle entreprise, les nouvelles opportunités doivent représenter un enjeu important en comparaison avec l'activité en place et avec les autres projets.

« On veut des projets qui aient du potentiel ! » La limitation des moyens impose une volonté de priorisation des ressources pour les projets en ligne avec la stratégie et qui semblent démontrer un potentiel significatif à l'échelle de l'entreprise.

Figure 4 - Good / Cheap / Fast, pick only two

Face à cette offre, la demande des grandes entreprises serait plutôt FAST & GOOD, quitte à ne pas être CHEAP. Pour satisfaire ces objectifs de croissance, il faut donc retenir des projets qui visent haut et vite. C'est une condition pour permettre la mobilisation des ressources, qui sont en compétition avec les activités rentables actuelles.

Les entreprises ont besoin de projets significatifs, en rapport avec leur taille. Elles concentrent leurs ressources au service de leur stratégie.

Processus

>> Pour être plus robuste

Dans les démarches d'amélioration, il est régulièrement nécessaire de « mettre la cale[1] ». Les progrès réalisés sont alors formalisés dans des processus et des procédures. Cette formalisation permet la construction d'un standard qui facilite les opérations par la définition de procédures prédéfinies.

Avec le temps, certains processus et/ou procédures peuvent devenir obsolètes ou trop contraignants. Un questionnement de fond est alors nécessaire pour simplifier les modes de fonctionnement qui se sont accumulés. Ce « nettoyage » régulier permet de s'assurer que les processus restent suffisants tout en s'adaptant à l'évolution du contexte et de la structure. Processus et procédures sont donc progressivement façonnés et ajustés au plus près des besoins, en tenant compte de l'historique. Cet historique est particulièrement délicat à gérer au niveau des systèmes d'information, qui capitalisent des données sensibles en quantités importantes.

La mise en place des processus, procédures et description des métiers/postes, permet aussi une définition plus rapide du rôle de chacun. Les formations restent nécessaires pour s'approprier les référentiels, mais la fonction est plus facile à dissocier des qualités propres à la personne. Cela permet de mieux garantir l'exploitation, car le partage des compétences et la capitalisation des connaissances évite que quiconque ne devienne indispensable.

Les entreprises optimisent les processus et évitent de dépendre des individus.

>> Suivre la vague du digital

La digitalisation est étroitement liée à la simplification des processus et à l'évolution des offres proposées aux consommateurs.

Bien que nécessaire, cette évolution reste néanmoins délicate à mettre en œuvre. Du côté de la simplification des processus, la gestion de la continuité de l'exploitation et de l'historique de fonctionnement freine le déploiement de nouvelles solutions. La compatibilité avec les processus existants force à un

1 Expression signifiant : sécuriser un progrès accompli, empêcher le retour en arrière par une « cale », en l'occurrence l'imposition d'un processus qui devient la règle.

arbitrage douloureux entre adaptation du processus au système d'information « standard » ou adaptation (coûteuse) du « standard » aux processus et modes de fonctionnement.

Le fonctionnement des systèmes d'information et leur ergonomie est un irritant fréquemment remonté par les équipes. L'exposition quotidienne en fait un sujet oppressant pour les utilisateurs. La contrainte de standardisation et de maintenabilité, en font un point délicat à traiter par les équipes en charge des systèmes d'information. Le contraste entre l'évolution rapide de l'environnement digital dans la sphère privée et l'évolution prudente du côté professionnel, renforce les attentes de solutions ergonomiques.

L'impact financier de cette transformation est important et demande aux entreprises des efforts financiers considérables. Le coût des systèmes d'information est estimé entre 0,5% et 4% du chiffre d'affaires. Soit à un niveau équivalent aux coûts de R&D, d'après l'étude présentée précédemment. (Strategy& | PwC, 2016). L'adéquation entre les systèmes d'information et les processus est donc d'un enjeu comparable à la performance de la R&D.

Les entreprises sont sous pression pour adapter leurs outils digitaux.

Valeurs

>> Le cœur identitaire

« Comment surmonter l'immunité au changement générée par la mise en question du cœur identitaire ? » Philippe Silberzahn, 26/02/18

Le cœur identitaire est important, car il donne corps à l'entreprise, en particulier dans le cas d'un groupe international. Il rassemble les équipes autour d'un « imaginaire collectif ». C'est cette « réalité immatérielle » (cultures, religions, sociétés), par opposition à « la réalité objective » (rivières, animaux...) qui permet à l'espèce humaine de fonctionner en organisations larges. « La capacité à créer une réalité immatérielle à partir de mots a permis à de grands nombres d'inconnus de coopérer efficacement. [...] L'immense variété des réalités imaginaires que Sapiens inventa et la diversité des formes de comportement qui en résultent, sont les principaux éléments constitutifs de ce que nous appelons du nom de « cultures ». » (Harari, 2011)

La culture de chaque entreprise se concrétise à travers l'expression de sa raison d'être, de ses valeurs, de sa marque, de ses habitudes et de ses modèles mentaux (modèle de leadership par exemple).

La culture façonne progressivement ce que j'appellerai ensuite *la structure*. Cette structure est le squelette, les fondations de chaque entreprise. Elle permet l'expression de la culture dans un cadre de processus définis, sur la base de valeurs partagées, pour des personnes physiques utilisant des moyens matériels, les ressources.

La structure possède un système de modèles mentaux (comme les comportements professionnels attendus, les axes de progrès,...) et permet d'entretenir des liens et des relations stables dans le temps. Par cette stabilité, elle apporte un sentiment de sécurité et donne des repères par ses processus.

Ce faisant, elle peut être aussi perçue comme contraignante. Qui n'a pas utilisé l'expression « rentrer dans le moule » ? Il s'agit, en fait, de tester sa propre compatibilité à la culture, à la réalité immatérielle développée par la structure pour fonctionner.

Le cœur identitaire fédère donc les individus de la structure autour de la raison d'être de l'entreprise. Sa remise en question génère des réactions légitimes de protection. L'évolution de la structure est donc lente, amortie par l'inertie, par l'immunité au changement du cœur identitaire.

Les entreprises façonnent une culture qui fédère les équipes.

Clients, Actionnaires et engagement des salariés

L'équilibre choisi entre les 3 dimensions est structurant sur les modes de fonctionnements.

>> Orientation client

L'orientation vers le client est au cœur de la démarche *Lean*. C'est un des axes fort de modification de la culture actuelle des entreprises, pour bien prendre en compte l'expérience utilisateur.

L'enjeu principal est de se détacher des performances et de la qualité intrinsèques de ses produits pour passer à une qualité de l'offre. Pour cela, les équipes doivent faire l'effort de se mettre dans la peau du consommateur, de comprendre son parcours, de traiter ses demandes efficacement et rapidement.

Mieux décrire ses clients pour mieux répondre à leurs attentes est un enjeu important des activités de progrès continu (se concentrer sur les actions qui apportent de la valeur au client). Ça l'est également pour les activités de renouveau stratégique (développer des offres améliorées pour les clients).

Les entreprises développent leurs offres en fonction des besoins exprimés par leurs clients.

>> La pression des actionnaires

Lors de son intervention aux Rencontres économiques d'Aix en Provence, en Juillet 2018, (Senard, 2018), Jean-Dominique Senard a souligné la dérive du capitalisme et l'attitude du capitalisme actionnarial. Il s'inquiétait d'une « déconnection entre l'actionnariat et la responsabilité » et de la « perception d'un abandon d'un avenir commun ».

Les dirigeants des grandes entreprises sont sous la pression de certains actionnaires focalisés sur la spéculation, guidés par des algorithmes et dont le temps de détention moyen des actions s'est réduit à quelques mois seulement. Dans ces conditions, difficile de développer des projets pour construire un avenir commun. La décision récente d'Elon Musk de faire sortir TESLA de la cote boursière était justifiée par « la nécessité de rendre à l'entreprise sa sérénité sur long terme et la soustraire des impératifs financiers de résultats trimestriels ». (Les Echos, Anne Feitz, 07/08)

Cette dérive du capitalisme, le cercle spéculatif et l'esprit de rente sont aussi détaillés par Pierre-Yves Gomez dans son ouvrage sur « le travail invisible ». (Gomez, 2013) : « Le piège spéculatif s'est refermé sur nous. Mais la solution se profile déjà. La crise du travail montre que les travailleurs aspirent à être reconnus, à trouver du sens à ce qu'ils font au quotidien, à en voir le résultat concret. Dans la vraie vie, le travail peut être pénible et fatiguant, mais il est aussi stimulant et enrichissant. Dans la vraie vie, le travail est vivant. »

Dirigeants et salariés partagent une même ambition : construire des projets qui ont un sens à long terme, avec l'outil qui leur est confié.

Les entreprises subissent une pression forte de la part d'actionnaires spéculatifs, mais veulent développer des projets qui ont du sens à long terme.

>> Engagement et équité

« Le travail est vivant » car derrière chaque tâche accomplie, chaque réalisation, il y a des personnes vivantes.
Les entreprises ont conscience que leur capital n'est pas seulement financier. Il est aussi humain. Elles essayent de ménager la chèvre et le chou : la satisfaction des actionnaires comme des membres de la structure. Cet équilibre est aussi à trouver entre l'attention portée aux clients et celle portée aux salariés. C'est la symétrie des attentions

Sur la base des travaux de Herzberg, la motivation des plus engagés résulte d'une modération des facteurs de démotivations (principalement basés sur les facteurs externes - motivation extrinsèque) et le développement d'une motivation intrinsèque construite autour du sens et de la compatibilité de ses valeurs personnelles avec la culture de la structure.

La dimension financière de la symétrie des attentions est donc importante car c'est un facteur fort de démotivation. Par contre, c'est l'expression d'une motivation intrinsèque qui conduit à un réel épanouissement de l'individu.

Beaucoup d'efforts sont réalisés pour favoriser l'engagement des équipes. Elle délicate à construire, mais très rapide à fragiliser.

L'équité. L'équité est le facteur le plus sensible de l'engagement. La perception d'un manque d'équité peut rapidement être dévastatrice dans une équipe.

Au sein de la structure, le respect des règles communes est donc une protection nécessaire contre le manque d'équité. Les dérogations pour quelques exceptions, surtout visibles, multiples et qui durent, peuvent rapidement déstabiliser la majorité et conduire à un désengagement rapide à cause de la perception d'un manque d'équité.

Les entreprises veulent développer l'engagement de leurs membres, notamment en veillant au maintien de l'équité.

Le constat de départ

L'examen du fonctionnement actuel des entreprises permet un premier constat :

- La mise sous contrôle des décisions laisse une place limitée aux prises d'initiatives personnelles. Les entreprises cherchent à plus responsabiliser les équipes, mais font face à une évolution lente des habitudes.

- Les entreprises ont besoin de projets significatifs, en rapport avec leur taille. Elles concentrent leurs ressources au service de leur stratégie.

- Les entreprises optimisent les processus et évitent de dépendre des individus.

- Les entreprises sont sous pression pour adapter leurs outils digitaux.

- Les entreprises façonnent une culture qui fédère les équipes.

- Les entreprises développent leurs offres en fonction des besoins exprimés par leurs clients.

- Sous la pression de leurs actionnaires spéculatifs, les entreprises optimisent leurs ressources, mais elles veulent aussi développer des projets qui ont du sens à long terme.

- Les entreprises veulent développer l'engagement de leurs membres notamment en veillant au maintien de l'équité.

Les entreprises optimisent leur structure (Ressources, Processus et Valeurs) pour mieux répondre à leurs actionnaires, leurs clients et l'engagement de leurs équipes.

LES DILEMMES DE L'INNOVATEUR DE RUPTURE

« Manager mieux, travailler fort et sans faire de grosse erreur, n'est pas la solution au dilemme de l'innovateur. [...] Ressources, processus et valeurs ne sont applicables que dans certaines conditions. » (Christensen, 1997)

Tout en renforçant la structure, ses membres la rendent légitimement plus spécifique et moins compatible avec d'autres opportunités. C'est tout le dilemme de l'innovateur qui souhaite développer une opportunité, a priori incompatible avec la structure en place.

Sur 3 horizons

Le dilemme de l'innovateur, présenté et justifié académiquement par Christensen, peut être résumé en 3 horizons de temps qui constituent des étapes successives et bloquent la progression d'une opportunité dans une structure :

>> Dilemme stratégique

L'opportunité n'entre pas dans le cadre stratégique défini et ne répond pas aux besoins exprimés par les clients.

On retrouve ici la limite du périmètre d'exploration. Elle se concentre sur la réponse aux besoins exprimés par les segments de clients déjà utilisateurs d'une solution. La mise en place d'une stratégie d'innovation claire conduit à focaliser ses ressources sur le périmètre choisi, et sur les sujets qui intéressent les clients actuels.

Par ses performances sur de nouveaux critères, l'innovation de rupture ira plutôt chercher à développer des solutions pour les non-clients, et les segments de clients non-utilisateurs. Ce périmètre d'action est probablement en dehors du champ habituel d'exploitation de la structure. Une opportunité en rupture doit donc logiquement ne pas être retenue au niveau stratégique.

>> Dilemme tactique

L'opportunité que représente la rupture n'est pas attractive, et celle-ci est donc rationnellement rejetée.

Si elle franchit l'étape stratégique, l'opportunité est rapidement comparée au business cœur de la structure. L'opportunité doit démontrer sa contribution significative en terme de taille, de délai et de rentabilité.

L'attractivité de l'opportunité en rupture est difficile à déterminer, tant pour sa taille que pour sa rentabilité ou sa vitesse de maturation. La taille du marché concerné reste à construire. Et comme il se crée, il n'est pas facilement mesurable a priori.

Une opportunité en rupture semble peu attractive pour une structure qui cherche à faire croître son activité cœur.

>> Dilemme opérationnel

L'impératif d'allocation contrôlée des ressources et les microdécisions conduisent à un épuisement opérationnel.

Si l'opportunité franchit la deuxième étape de validation tactique, elle est ensuite mise à mal par la vie opérationnelle. Malgré l'intérêt porté à l'opportunité au niveau du management, de multiples arbitrages se mettent en place au quotidien par les membres de la structure. Ces arbitrages entre les projets sont impératifs pour maîtriser l'allocation des ressources et éviter la surcharge des salariés.

Malgré l'injonction qui peut émaner de l'équipe de direction, la priorité est donnée dans la pratique aux projets du business cœur qui représentent des enjeux financiers plus importants et sont repris dans les objectifs individuels. Les difficultés peuvent surgir, aussi, de l'interface avec les systèmes d'information, des processus d'achat, du besoin de consensus,...

Plus l'opportunité se développe, plus les porteurs peuvent s'épuiser de « nager à contre-courant ». De nombreuses opportunités pleines de potentiel risquent ainsi de s'arrêter, car il faut alors développer une résilience forte pour résister au lingchi, à la mort des milles coupures.

Les propositions de Christensen

Pour contourner ces obstacles à la progression des opportunités disruptives, Christensen propose plusieurs axes d'organisation : (Christensen, 1997)
Ces propositions peuvent d'ailleurs être rattachées, pour la plupart, aux constats formulés dans la première partie. On retrouve ce lien dans le tableau présenté page 32.

>> Chercher les non-utilisateurs

Ne pas se concentrer uniquement sur les attentes de nos clients, mais étudier la trajectoire d'évolution des technologies par rapport à ces attentes et chercher des réponses aux non-utilisateurs.

>> Ressources protégées

Une décision d'allocation des ressources prise par l'équipe dirigeante n'est pas suffisante, car elle peut être difficile à mettre en œuvre. Les comités intermédiaires filtreront une opportunité disruptive n'ayant pas démontré sa rentabilité, au profit des sujets du business. Il faut des structures dédiées et protégées.

>> Chercher un nouveau marché

Trouver un nouveau marché qui donne de l'importance aux nouvelles caractéristiques du produit disruptif, plutôt que de chercher à adapter une nouvelle technologie pour répondre aux besoins des clients du business cœur actuel.

>> RPV spécifiques

Les ressources, processus et valeurs de la structure en place ont été affinés pour un domaine d'application. Ils sont plus spécialisés et spécifiques que les managers veulent l'admettre. Très souvent, les nouveaux marchés, activés par des technologies disruptives, imposent des propriétés très différentes sur chacune de ces dimensions.

>> Se préparer à l'imprévisibilité

L'information sur les technologies de rupture n'est pas disponible puisqu'elle doit émerger de la création de nouveaux marchés. Les organisations qui réussissent, et ne peuvent tolérer des échecs sur les innovations incrémentales, trouvent difficile d'accepter l'échec sur les innovations de rupture. Tout en prenant des risques limités, il faut entrer dans une démarche de découverte progressive des marchés pour commercialiser.

>> Découvrir les marchés

Il apparait important d'être leader et le premier sur le marché pour les innovations de rupture. C'est beaucoup moins évident pour les innovations incrémentales.

>> Prendre les acteurs en place à contrepied

La protection la plus forte des nouveaux entrants est de construire des marchés émergents pour des technologies de rupture qui n'ont pas de sens pour les leaders en place. « Malgré leur puissance technologique, leur marque, leur tissu industriel, un management organisé, une distribution musclée, et beaucoup de cash, les sociétés en pleine santé pilotées par de bons managers expérimentés rencontrent de réelles difficultés à faire ce qui ne correspond pas à leur modèle de profit. »

LES LEVIERS ACTIVÉS POUR CONTOURNER LE DILEMME

Face à ce dilemme, les entreprises ne restent pas passives. Elles tentent de développer des organisations alternatives et agiles pour contourner le dilemme et développer des opportunités de rupture. A travers ces différentes initiatives, elles cultivent un terreau qui sera la base du développement de l'intraprenariat dans ses trois dimensions. (Voir figure 3 p.10)

Une organisation décentralisée

Quelque soient la taille et le mode d'organisation, les constats de départ et la problématique entrepreneuriale restent les mêmes. La théorie de Christensen s'applique de manière générale.

Les entreprises qui ont une activité de recherche intensive pour des produits complexes, font face à un besoin de concentration de moyens (techniques et financiers) et donc à des barrières plus fortes... C'est le cas, par exemple, de la pharmacie, de la biotechnologie, des produits à forte technicité (électronique, pneumatique...).

Ces barrières peuvent être renforcées par un fonctionnement regroupé autour d'une marque forte. La protection de la marque impose alors un contrôle plus strict sur les activités.

Certaines entreprises tentent de contourner le dilemme en fonctionnant avec une organisation plus décentralisée, en constellation. Chaque entité est alors plus ou moins autonome dans la gestion de son développement.

Les barrières sont moins fortes pour ces entreprises qui sont habituées à ce que différents modes cohabitent. Les services, produits digitaux ou faiblement technologiques, sont plus propices à ce type d'organisation. A l'extrême, leur problématique sera à l'inverse de maintenir le sentiment d'appartenance à un groupe et la cohérence de leurs actions.

La suite de l'analyse est donc particulièrement applicable au cas des entreprises « deep tech ». Celles qui ont choisi une concentration des moyens sous une marque forte.

Explorations hors-cadre

La recherche amont conserve parfois un champ de liberté pour explorer des thématiques nouvelles et étudier la trajectoire d'évolution des technologies. Selon l'intuition des équipes, des sujets peuvent être traités, soit en fonction de nouvelles opportunités techniques, soit de nouvelles perceptions des marchés futurs. Les travaux de prospective peuvent alors venir alimenter ces travaux. C'est parfois sur la base de ces travaux que de nouvelles technologies pourront émerger.

Dans certaines entreprises, l'exploration représente néanmoins une faible part de l'effort de recherche. Si cette ouverture permet de ne pas rester enfermé sur les besoins exprimés par les clients, la route vers une innovation commercialisée reste longue.

Cette exploration ne répond donc que partiellement au dilemme exprimé précédemment, quant au besoin de sortir du cadre pour activer des ruptures.

Participer à de l'open innovation

En plus des travaux initiés par les équipes internes, une ouverture vers des entités externes est de plus en plus effective. Des coopérations se mettent en place avec des universités, des centres de recherche publique, d'autres entreprises, des startups.

Ce mode de fonctionnement est récent. Il pose la question de la propriété intellectuelle et de la manière de partager les fruits de la collaboration, tant il est difficile de définir quelle sera la contribution à terme de chaque idée ou découverte dans le résultat financier.

Il permet néanmoins une implication de ressources nouvelles et répond partiellement aux horizons stratégiques (par l'ouverture à de nouveaux points de vue) et opérationnels (par l'implication de ressources externes) pour les entreprises.

Prises de participations et rachats de start-up

Le « corporate venturing », ou fond d'investissement d'entreprise, offre une connexion avec les explorateurs. Par des prises de participations dans des fonds, ou des participations minoritaires directes, les grandes entreprises récupèrent des informations sur les tendances et les explorations en cours.

L'attractivité de l'opportunité est étudiée sous un autre angle, puisqu'il ne s'agit plus de dépenses qui impactent le résultat (OPEX/CAPEX), mais de prises de participation. Ceci permet de répondre à l'horizon tactique sur la rentabilité.

Dans ce cas, les circuits de décisions sont plus courts et plus directement liés à la direction générale. Cela permet d'éviter les micro-décisions de la part de la structure et répond à l'horizon opérationnel.

La frontière est cependant ténue entre exploration minoritaire et engagement financier substantiel. Une prise de participation peut impacter directement le pilotage de la start-up. De même, être son unique client crée une responsabilité économique. Les entreprises risquent d'entrainer la start-up dans leur propre dilemme, en les chargeant de leurs propres contraintes stratégiques, tactiques et opérationnelles.

Start-up ou société établie, les dirigeants-acheteurs sont souvent prudents et cherchent en général à préserver le mode de fonctionnement de la société rachetée. Par-là, ils confirment leur perception de RPV spécifiques pour la société rachetée.

Incubateurs et labs

Depuis quelques années, les incubateurs et labs se développent au sein des grandes entreprises. Ce mode de fonctionnement vise à mettre en place une entité suffisamment découplée du business cœur pour permettre l'émergence d'innovations de rupture.

Ces incubateurs et labs peuvent être considérés comme le pendant des équipes de recherche technique. C'est une équipe de recherche qui vise à découvrir de nouveaux marchés. Ils bénéficient d'une certaine latitude stratégique, tactique et même opérationnelle.

A priori, ce fonctionnement semble compatible avec les recommandations de Christensen, mais il peut atteindre ses limites lors de la phase d'accélération.

Le dilemme se vit au quotidien

Les incubateurs semblent une voie intéressante pour développer des innovations de rupture. S'ils offrent un espace assez protégé, l'interface avec la structure grandit néanmoins avec le développement des initiatives.

Dans la mise en œuvre concrète des incubateurs, certains des constats de Christensen resurgissent. Malgré ses efforts d'adaptation, la structure impacte les initiatives par ses décisions opérationnelles et l'exigence de se conformer à son cœur identitaire, avec ses Ressources/Process/Valeurs.

S'inspirer des entrepreneurs

Pour poursuivre la progression dans l'adaptation des modes de fonctionnement des incubateurs, il me semble utile de trouver de nouveaux repères pour identifier les facteurs clés de succès. Par exemple, en s'inspirant des entrepreneurs. C'est l'objet de notre deuxième partie.

Le dilemme persiste pour les entreprises

La volonté seule des dirigeants n'est pas suffisante, car ces dilemmes, se situent à 3 niveaux :

- Au niveau stratégique: l'opportunité n'entre pas dans le cadre stratégique défini et ne répond pas aux besoins exprimés par les clients.

- Au niveau tactique : l'opportunité que présente la rupture n'est pas attractive, elle est donc rationnellement rejetée.

- Au niveau opérationnel : l'impératif d'allocation contrôlée des ressources et les microdécisions conduisent à l'épuisement.

Les tentatives d'organisations ne sont pas suffisantes : l'organisation décentralisée, la recherche exploratoire, l'open-innovation, le corporate venturing, les incubateurs... Ces solutions sont nécessaires, mais pas suffisantes pour permettre l'émergence d'innovation de rupture construit sur la base d'actifs tangibles ou intangibles de l'entreprise.

Comment les réflexes des entrepreneurs peuvent inspirer les entreprises dans l'innovation ?

Les réflexes des entrepreneurs ont été identifiés par S. Sarasvathy (S. Sarasvathy, 2001) lors de ses travaux de recherche sur le mode de raisonnement des entrepreneurs. Elle les a nommés les principes de l'**effectuation**. Vouloir transposer les fonctionnements des entrepreneurs à une structure en place, invite à s'interroger sur ce que l'on connait déjà des entrepreneurs et de l'intrapreneuriat.

EFFECTUATION ET INTRAPRENEURIAT, DE QUOI PARLE-T-ON ?

La logique effectuale : objectif inconnu

Le constat fondamental de S. Sarasvathy est l'inversion de la logique objectifs/moyens, vers une logique moyens/objectifs.

Dans la logique causale, l'objectif est défini, connu. On parle communément de démarche projet. Un objectif est fixé en fonction d'un enjeu. Par exemple, construire une capacité de production, de telle capacité, opérationnelle à telle date. La démarche projet suit ensuite 5 étapes pour atteindre l'objectif (l'usine en question) :

- L'opportunité : Cadrer ce que l'on est prêt à payer pour atteindre l'enjeu
- La faisabilité : Choisir le scénario parmi plusieurs
- La réalisation : Décider l'engagement des moyens (humains, financiers...)
- Bilan opérationnel : Constater l'atteinte de l'objectif et capitaliser
- Bouclage des enjeux : Constater l'atteinte des enjeux

Le but est défini. Les moyens sont ajustés en conséquence.

Dans la logique effectuale, l'objectif n'est pas connu a priori. Le porteur de l'opportunité en a une certaine idée, mais il sait qu'il va l'adapter, le modeler au fur et à mesure. On commence alors par fixer la perte acceptable, des moyens dont on dispose pour démarrer l'exploration. Le porteur d'opportunité part de ce dont il dispose, puis construit progressivement l'objectif en testant auprès des parties prenantes, ajuste en fonction des rencontres et des découvertes, pour aboutir à un état qui n'était pas prévisible.

L'effectuation place donc la détermination des moyens, avant le choix des buts, mais de manière itérative.

Les moyens sont définis. Le but est ajusté en conséquence en s'appuyant sur **5 principes.**

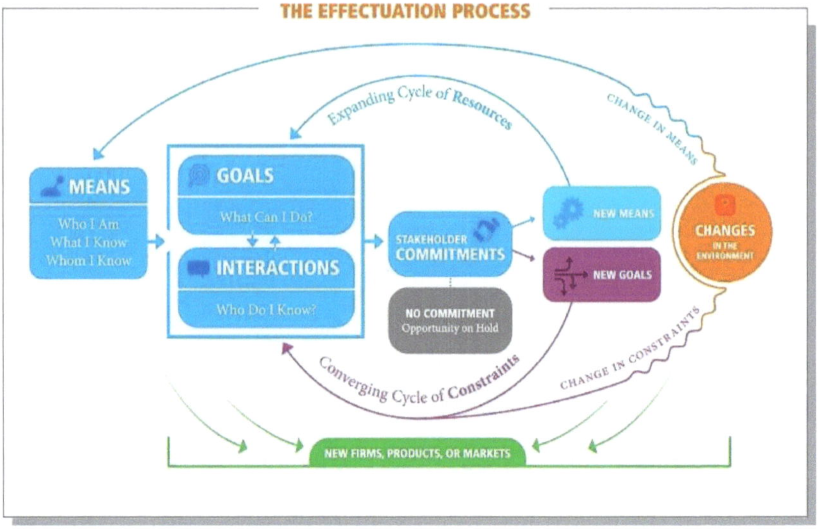

Figure 5 - Le cycle de l'effectuation

http://www.effectuation.org/?page_id=4055&principle=effectual-cycle

Les 5 principes de l'effectuation

Tels que décrits par Philippe Silberzahn dans son article publié dans HBR en Décembre 2016 :

>> Les moyens disponibles

Faire avec ce qu'on a

Les entrepreneurs partent des ressources dont ils disposent et se disent : « Que puis-je faire avec cela ? » On parie ici sur l'imagination.

>> La perte acceptable

Définir ses limites

En incertitude, on est incapable d'estimer le gain attendu. Les entrepreneurs décident donc en se disant : « Je vais consacrer tel temps et tel budget à telle action, je ne sais pas vraiment ce que ça donnera, mais si ça ne marche pas, je peux me permettre cette perte. »

Le patchwork fou

Construire avec les parties prenantes

L'entrepreneur développe son projet en créant un réseau croissant de parties prenantes qui lui apportent des ressources. Ce faisant, celles-ci contribuent à orienter le projet. On voit ici la dimension sociale de l'entrepreneuriat et de l'innovation : on avance en travaillant avec d'autres, et en construisant le projet collectivement.

La limonade

Tirer parti des surprises

Le quatrième principe consiste à se préparer à saisir les opportunités. Les entrepreneurs savent qu'il y en aura, et ils s'organisent pour en tirer parti plutôt que de passer des jours à tout planifier pour ensuite essayer de respecter strictement le plan défini.

Un pilote dans l'avion

Construire le futur

« La meilleure façon de prédire le futur, c'est de le construire ». (Peter Drucker)

L'entrepreneur n'est pas un passager, il n'essaie pas de deviner l'avenir de tel ou tel marché, mais il est là pour construire ce marché. Il n'y a donc aucune tendance inéluctable.

On retrouve une présentation détaillée de l'effectuation dans le livre : « Effectuation, les principes de l'entrepreneuriat pour tous » de Philippe Silberzahn. (Silberzahn, 2014)

L'initiative = startup interne

En réponse à cette différence entre l'approche causale et l'approche effectuale, il semble intéressant d'éviter l'appellation « projet » pour nommer un sujet au sein de l'incubateur interne. « Initiative » semble plus adéquate, parce que plus en lien avec la démarche effectuale.

On peut assimiler le développement d'une initiative à une démarche d'intrapreneuriat (Corporate Entrepreneurship). Dans le schéma présenté précédemment (figure 3 page 21), l'initiative est positionnée dans la branche « Internal corporate venturing ».

Sur la base d'une reformulation de la définition du « Corporate Entrepreneurship » (SHARMA & CHRISMAN, 1999), la définition pourrait être la suivante :

Initiative est le nom donné à un groupe de personne, qui en association avec une organisation existante, crée une nouvelle organisation, ou développe une innovation au sein de cette organisation. Elle est conduite par des intrapreneurs.

Qui est l'intrapreneur ?

« L'esprit entrepreneurial » est souvent invoqué dans les structures en place pour encourager des modes d'actions différents. Il est d'une certaine façon résumé par les principes de l'Effectuation. Mais beaucoup de représentations différentes se cachent derrière ce terme. Et, finalement, quelle différence entre l'entrepreneuriat et l'intrapreneuriat ?

>> Ce n'est pas un entrepreneur indépendant

S'inspirer des entrepreneurs pour guider l'action dans les entreprises ne fait pas l'unanimité. Certains s'interrogent même sur l'existence de la notion d'intrapreneur. Un article très concret a abordé cette question récemment : « Why there is no such a thing as Corporate Entrepreneurs ? » (Kirsner, 2018)

Kirsner identifie 5 axes principaux de différentiation :

Bureaucratie et politique : dans les entreprises, un temps considérable est passé à convaincre, expliquer, justifier en interne.

Bénéfices possibles : les bénéfices induits en cas de succès sont incomparables. Si certains dirigeants envisagent un réel partage du bénéfice, rares sont ceux qui l'ont effectivement concrétisé.

Peur de l'échec : Les entrepreneurs vivent dans l'inquiétude quotidienne de leur survie. Cela impacte directement leur mode de fonctionnement.

Persistance : Les entrepreneurs cherchent à durer le plus longtemps possible avec un minimum de moyens par opposition à un respect de la prévision.

Privé/Publique : Les investisseurs directs demandent aussi du temps pour les garder à bord, mais visent le moyen terme. Les entreprises cotées vivent une pression quotidienne avec l'évolution de leur cours de bourse. Le trimestre cadence.

En faisant cette comparaison, Kirsner réduit le périmètre de l'Entrepreneur à l'Entrepreneur propriétaire, des entrepreneurs qui sont majoritaires au capital de leur société. Si on limite le champ de l'Entrepreneur à la manière de Kirsner, les Entrepreneurs financés par des fonds externes et qui ne possèdent pas la majorité du capital serait-il vraiment « entrepreneurs » ou déjà « salariés » ? Le fondateur/dirigeant d'une société n'est-il pas un entrepreneur même si il détient au final moins de 10% de la société?

L'approche de Kirsner met cependant en lumière certaines limitations imposées par les entreprises et qui distinguent effectivement les entrepreneurs des intrapreneurs.

>> Qu'est ce qu'un intrapreneur ?

Le métier d'intrapreneur est donc différent de celui de l'entrepreneur, propriétaire ou pas. La répartition des activités n'est pas la même, la relation aux financements n'est pas la même. Mais il y a aussi des points communs dans la volonté d' « entreprendre », définit par le Larousse comme « Commencer à exécuter une action, en général longue ou complexe » Larousse, 2018.

L'intrapreneur est très attaché à sa structure d'origine et souhaite la rendre plus forte et intrépide. Il est principalement motivé par le sentiment de « posséder » son projet, par la paternité de l'idée et de l'opportunité. Il a l'esprit pionnier, besoin de liberté d'action et sa motivation est principalement construite sur des facteurs intrinsèques. La reconnaissance reçue de la part de sa structure compte pour lui. Sans être nécessairement dans les mêmes proportions que pour les entrepreneurs, les gratifications financières restent un moyen important de reconnaissance de son succès.

>> La fragilité de l'intrapreneuriat

A l'image de l'entrepreneur, l'intrapreneur entreprend une action longue ou complexe. Cette initiative a une forte dimension personnelle liée au besoin de façonner soi-même l'opportunité et à l'énergie nécessaire pour développer une opportunité en marge de la structure. La démarche est fragile car elle est basée principalement sur une motivation intrinsèque. Elle peut être préservée par un contexte favorable, mais cette dynamique personnelle ne peut pas être déclenchée ou décidée par une intervention externe. A la différence d'un chef de projet, l'intrapreneur fait lui-même naître l'opportunité, la qualifie et la développe.

Intrapreneuriat ou horticulture ?

La question se pose alors : quel dispositif à mettre en place pour créer un « contexte favorable » ?

>> Dispositifs et dynamique humaine

L'importance de bien définir son modèle d'intrapreneuriat est identifié comme un des facteurs clé de réussite. Wolcott et Lippitz identifient 4 modèles : Enabler, Producer, Opportunist, Advocate. (Lippitz & Wolcott, 2007). En synthèse de leurs travaux, Fayolle et Bouchard ont identifiés 7 dispositifs d'intrapreneuriat. (Fayolle & Bouchard, Hiver 2012). Les modèles ne sont pas priorisés et aucun n'est identifié comme meilleur que les autres. Les deux articles insistent avant tout sur l'importance d'expliciter la profondeur de la démarche intrapreneuriale dans les entreprises. Cela permettra aux intrapreneurs de mieux comprendre jusqu'où la structure en place est prête à adapter ses processus.

On peut s'interroger sur le meilleur dispositif. Mais il faut rester prudent pour préserver la dynamique humaine. Il peut y avoir un danger à vouloir mettre sous contrôle une dynamique humaine. Nunes et Fay s'interrogent : « Est-il possible d'utiliser [a priori] un modèle organisationnel dont la nature est de cadrer, structurer, stabiliser et figer, pour capturer et développer un comportement qui est fluide, émergent et vivant ? [...] Puisque son processus est mouvant, dynamique et fluide, et puisque les individus sont au cœur de ce processus, l'intrapreneuriat est par essence quelque chose de vivant. [...] L'organisation intrapreneuriale devient ici destructrice parce qu'elle épuise les « champions » dans une course où la dimension vivante des personnes est reléguée loin derrière la soumission à la procédure » (Nunes & Fay,L'entrepreneur confronté à l'organisation)

Les études des cas « Une myriades d'idées » au sein de l'entreprise Tau France (Bouchard & Parot, 2005) et la « plateforme automobile » chez Rhodia (Nunes & Roux, La dynamique d'intrapreneuriat au sein de Rhodia entre 2000 et 2003) illustrent bien les difficultés de mise en place d'un modèle organisationnel pour cadrer, structurer, qui peut conduire à un essoufflement.

La dimension personnelle est très importante dans l'entrepreneuriat comme dans l'intrapreneuriat. La structure ne peut pas décider une dynamique personnelle, mais peut créer des conditions favorables en assouplissant ses processus.

>> La relation aux individus

La dynamique personnelle est la base de l'entrepreneuriat. *L'individu constitue le processus.* C'est ce que confirment les Venture Capital en rendant contractuelle la présence des personnes clés, avec des conditions de sorties strictes. C'est aussi rappelé par Airbus dans son mode de sélection des initiatives, qui choisit avant tout en fonction de l'équipe (voir interview Airbus en annexe).

Prenons l'image un peu caricaturale d'un artiste, dans ses débuts. Il fait des peintures. Beaucoup de monde sait mettre de la peinture sur une toile. Il peut apprendre des techniques, des méthodes. Mais personne ne décide de ma-nière collective comment orienter ses travaux. Il explore. Quand il s'agit de créer selon son style, il est le seul à pouvoir exprimer sa spécificité. Son style ne peut pas être normé ou encadré par un process. C'est l'individu qui consti-tue le processus de *peinture avec un style*.

Pour les entreprises, reconnaitre un individu comme spécifiquement indispen-sable irait à l'encontre du fonctionnement par processus. Elles s'organisent habituellement pour ne pas dépendre d'un individu et pour protéger l'équité. *Le processus prime sur l'individu.*

L'intrapreneur est donc en situation inconfortable, partagé entre la volonté d'exprimer sa spécificité et contraint à tenir compte des barrières structurelles. La structure quant à elle, cherche à laisser plus de place à l'expression des intrapreneurs tout en conservant une équité et un respect des règles. C'est pour gérer au mieux un assouplissement des processus, dans un cadre adapté, que de nombreuses entreprises ont créé des incubateurs internes.

Le dilemme de l'innovateur semble particulièrement incarné par cette relation aux individus. D'un côté, le processus prime sur l'individu, de l'autre l'individu est le processus. On voit bien ressortir la différence entre salarié et entrepreneur ; et comment l'intrapreneuriat tente de concilier les deux.

>> A cultiver

En synthèse de présentation de l'intrapreneuriat, voici le travail de groupe réalisé pour l'électif « Corporate Entrepreneurship » du EMBA à l'EM Lyon. Nous avions synthétisé les conditions de développement de l'intrapreneuriat à travers l'image d'une plante : l'horticulteur ne peut pas tirer sur la plante pour la faire pousser plus vite, ni lui ordonner de faire des fleurs. De même la structure ne peut pas décider d'une dynamique humaine. Par contre, il peut créer les conditions favorables de son développement, par les graines, le terreau, l'ensoleillement, l'arrosage,... Et obtenir ainsi les meilleures plantes possibles !

Il peut tester celles qui lui semblent les plus faibles et les laisser sécher si besoin, apporter plus de soins aux plus prometteuses, greffer ou transplanter.

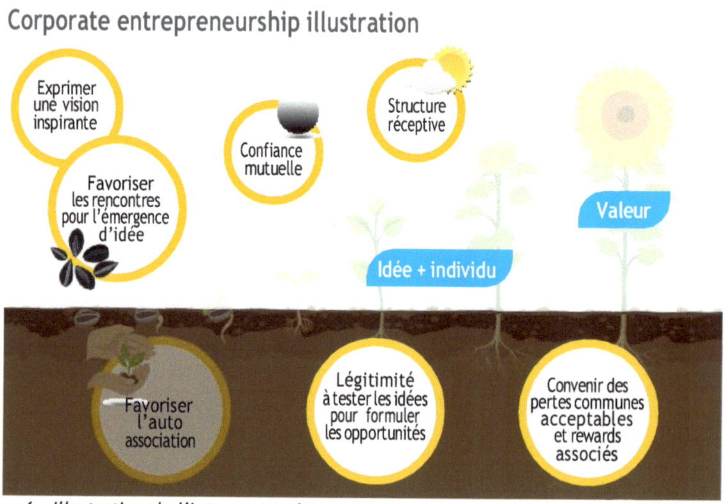

Figure 6 - Illustration de l'intrapreneuriat

L'INCUBATEUR D'INITIATIVES, SOUS PLUSIEURS ANGLES

Le rôle de l'incubateur interne

Le champ d'action et la définition donnée à un incubateur sont très variables d'une entité à l'autre. Sur la base des éléments précédents, le rôle de l'incubateur serait de «**Faciliter l'éclosion d'opportunités grâce à des conditions favorables** » dans la branche « **Capital-investissement d'entreprise** ». Il s'occupe donc principalement d'initiatives plus disruptives et éloignées du cœur business de la structure.

Quelles expérimentations ?

Plusieurs grandes entreprises ont mis en place des incubateurs internes, souvent en coopération avec des incubateurs externes.
Pour prendre du recul sur mes deux ans d'expérience au sein de l'incubateur IPO de Michelin, j'ai rencontré d'autres acteurs pour les interroger sur leurs modes de fonctionnement. (comptes rendus détaillés des interviews en annexes).

>> Engie

Echanges avec Eléonore Bon, entrepreneur chez Engie - Mysphair - (IoT startup, indoor air quality)
Démarrage de l'incubateur après un appel à idée interne.
Incubation : 2 personnes par projet mini. Chaque incubation est sponsorisée par Incubateur 50% + BU 50%. Pas de lieu commun. Les initiatives sont réparties dans des incubateurs externes.
Cible incubation 1 an. Suivi tous les 3 mois avec Go/NoGo.
Cible : démontrer que le business a de l'intérêt et avoir des premières réussites. Avoir testé le produit auprès de clients.
Pas de projets où il y a de la recherche - Principalement des services, globalement dans le digital.
La phase de transition est toujours délicate que ce soit un arrêt, une réintégration, une filiale ou une excubation. Une idée est en cours de test d'un financement complémentaire venant d'un fond d'investissement.

>> Air Liquide

Echanges avec Przemyslaw Brozyna, Directeur de l'i-Lab chez Air Liquide.
Laboratoire d'innovation créé en 2012. Objectif : « comment observer le monde extérieur pour capter les tendances pour les transformer en opportunités ». 4 territoires stratégiques de progression ont été définis. Pas de développement de nouvelles technologies.
On ne regarde pas notre cœur de métier, mais les enjeux de la société. Fonctionnement très déconnecté du groupe jusqu'à 2017, puis reconnexion progressive aux business lines. Que des nouveaux entrants, recrutés pour entrer dans le parcours i-Lab, accélérateur de talents. Mode de gouvernance spécifique pour chaque projet, pas de fonctionnement standard. Toutes les initiatives sont rassemblées dans un lieu commun.
Toutes les options de sorties sont envisagées. Pas d'excubation testée, mais très demandée par les intrapreneurs. Faisabilité en cours d'évaluation.

>> Airbus

Echanges avec Dara Francis Elie (BizLab communcation and events) et Bruno Gutierres (Head of Airbus BizLab)
Le bizlab existe depuis 4 ans et accélère des initiatives internes et des startups externes sur une durée de 1 an. L'objectif est de réussir une réincorporation des initiatives dans les business units du groupe. La sélection est organisée en conséquence avec une priorité sur les caractéristiques de l'équipe, mais en tenant compte de l'alignement stratégique et opérationnel du groupe. Les initiatives sont rassemblées dans un lieu unique, à parité avec des startups externes. Les conditions de sortie et de gratification restent des sujets sensibles.

Echanges avec Grégoire Sigel, co-fondateur de Geotrend, issu de l'incubateur Airbus - Bizlab. Spin-out concrétisé après 1 an d'accélération au Bizlab. Aujourd'hui Geotrend est détenu à 100% par les 2 fondateurs.

>> EM Lyon

Alexander Bell, Directeur de l'incubateur de l'EM Lyon
Les incubateurs internes ont souvent été développés par mimétisme et définissent leurs objectifs a posteriori. Ils peuvent être variés et pas nécessairement centrés sur la création de nouvelles activités significatives. Le poids de la communication et du rôle de « poil à gratter » n'est pas négligeable.

Les concepts de l'effectuation ne doivent pas être pris seuls, ni compris dans le sens d'une absence totale de projection. L'ambition est importante pour réussir à aller loin. Il faut se préparer assez tôt pour « franchir le gouffre ».
L'excubation est un sujet récent, sur lequel il n'existe pas encore de références universitaires sérieuses.

>> Impulse partner

Antoine Thuillier, Associé, conseil en innovation et mise en contact sectoriel des groupes avec des startups.
Thèse en cours sur les activités de conception au sein des incubateurs et comment favoriser l'émergence d'événements fortuits de manière plus systématique. Forte inspiration de la méthode C/K.
Beaucoup d'interactions avec les groupes et les startups. Beaucoup de RH rapportent que « tous les cadres veulent créer leur boite ! » Les structures intrapreneuriales se développent, mais les projets restent difficiles à concrétiser.
L'excubation est un sujet très récent qui demandera une lente validation au niveau des COMEX.

>> Polaroid

L'étude de cas proposé par Harvard Business School sur le cas de Polaroid donne une illustration frappante de la difficulté de progression d'une initiative et de la mise en difficulté du porteur face à la structure. (Harvard Business School, 2000)

Les messages clés

A travers les différentes rencontres, les points clés identifiés sont les suivants (ils seront repris dans les 4 grandes problématiques des incubateurs).

- Réussir à caler son mode de sélection des initiatives avec des conséquences selon l'approche deeptech/digital, techno push ou market pull...

- La phase de sortie et la gratification des intrapreneurs ressortent comme des sujets particulièrement sensibles pour les incubateurs internes.

- Forte demande d'extrapreneuriat par les intrapreneurs, mais encore à l'étude par les structures.

CONCRÈTEMENT, COMMENT S'INSPIRER DE L'EFFECTUATION POUR LES INCUBATEURS INTERNES?

L'esprit entrepreneurial pour répondre au dilemme ?

Les travaux de Christensen ont avant tout permis de distinguer les caractéristiques des innovations de rupture, donc de réussir à les classifier. Cela permet de prendre conscience que ces sujets doivent être traités différemment. Il formule des recommandations, mais elles peuvent se révéler difficiles à mettre en œuvre. Les entreprises ont créé pour cela des incubateurs internes.

Dans le tableau suivant, les recommandations de Christensen sont mises en parallèle :

- avec les barrières structurelles au développement de l'intrapreneuriat identifiées dans les grandes entreprises par P.Burns (Burns, 2013)
- avec les barrières structurelles identifiées dans la première partie.

Les principes de l'effectuation permettent ensuite d'identifier des moyens d'action pour prendre en compte les recommandations de Christensen au sein des incubateurs.
Certaines actions sont déjà mises en œuvre dans les incubateurs. D'autres sont en cours. Elles sont identifiées par un fond bleu dans le tableau (page 59).

Sur la première étape d'incubation d'innovations de rupture, 4 grandes questions pratiques se posent pour les incubateurs :

- Quels critères de sélection et priorisation des idées soumises ?
- Comment et jusqu'où adapter les RPV ?
- Quels modes de gratification pour entretenir la motivation dans la durée ?
- Comment se préparer à la sortie et à franchir le gouffre ?

D'autres actions restent difficiles à concrétiser dans une structure organisée. Elles sont identifiées par un fond rouge dans le tableau suivant. Elles seront traitées dans la prochaine partie.

LES INITIATIVES, AU CROISEMENT DE L'EFFECTUATION ET DES RECOMMANDATIONS DE CHRISTENSEN

Le constat de la première partie rejoint globalement les analyses de Paul Burns et C. Christensen

Constat de départ - les entreprises aujourd'hui	Barrières structurelles des entreprises Paul Burns	Recommandations pour l'innovation disruptive. C. Christensen
Les entreprises développent leurs offres en fonction des besoins exprimés par leurs clients.	Se baser sur son expérience passée pour prendre ses décisions	Trajectoires d'évolution des technologies et des besoins
		Marketing challenge - valoriser les nouvelles caractéristiques
	Eviter les risques	Premier entrant, découvrir les marchés
Les entreprises subissent une pression forte de la part d'actionnaires spéculatifs, mais veulent développer des projets qui ont du sens à long terme. Les entreprises ont besoin de projets significatifs, en rapport avec leur taille.	Se concentrer sur l'efficience ou le retour sur investissement	Allocation des ressources
	Respect des procédures standards, règles et obligations.	RPV spécifiques
Les entreprises optimisent les processus et évitent de dépendre des individus.	Manager fonctionnellement avec des descriptifs de postes rigides	
Les entreprises façonnent une culture qui fédère les équipes.	Promouvoir uniquement les individus qui se conforment	

Constat de départ - les entreprises aujourd'hui	Barrières structurelles des entreprises Paul Burns	Recommandations pour l'innovation disruptive. C. Christensen
	Planifier et s'engager sur le long terme et contrôler sur la base du plan prévu	Imprévisibilité
La mise sous contrôle des décisions laisse une place limitée aux initiatives personnelles. Les entreprises cherchent à évoluer vers plus de responsabilisation des équipes, mais restent confrontées à une évolution lente des habitudes.		Viser une proposition de valeur qui n'a pas de sens pour les leaders actuels du marché

Dans le tableau suivant :

Les actions habituellement mises en œuvre au sein des incubateurs internes sont laissées en blanc.

Les actions qui semblent possibles à mettre en œuvre au sein d'un incubateur interne sont identifiées en bleu

Les actions difficiles à mettre en œuvre au sein d'un incubateur interne sont identifiées en rouge.

RECOMMANDATIONS POUR L'INNOVATION DISRUPTIVE. C.CHRISTENSEN	PRINCIPES DE L'EFFECTUATION					INDICATEURS PROPOSES
	FAIRE AVEC CE QUE L'ON A	DÉFINIR SES LIMITES	CONSTRUIRE AVEC LES PARTIES PRENANTES	TIRER PARTI DES SURPRISES	CONSTRUIRE LE FUTUR	
Trajectoires d'évolution des technologies et des besoins	Partir de ses connaissances techniques et marchés pour identifier des marchés avec un potentiel disruptif	Définir un champ d'exploration cohérent avec sa stratégie	Comprendre les non-utilisateurs avec une approche de co-constuction sans solution prédéfinie (non-advocacy mode)	Conserver un champ large, ne pas restreindre à une solution technique ou marché	Identifier les voies pour impacter l'environnement	Taux de client, non-clients, non-utilisateurs, sur la base des clients actuels de la structure
Marketing challenge - valoriser les nouvelles caractéristiques	Identifier ses caractéristiques techniques	Adapter la démarche qualité pour tester des objets non finalisés	Identifier et capter la valeur. Tester le prix	Conserver des ressources pour les explorations	Modeler les contraintes sur l'environnement par la communication et les actions règlementaires	Courbe de valeur (Kim & Mauborgne, Stratégie Océan bleu : comment créer de nouveaux espaces stratégiques, 2015)
Allocation des ressources	Utiliser les ressources existantes autant que possible	Sur la base d'une vision définie dans une lettre de mission, définir un budget forfaitaire et non pas annuel.	Accorder une priorité maximale au projet pour le protéger des microdécisions futures.	Prévoir des budgets annuels avec des contingences	Engagement et soutien d'un sponsor et de la direction générale pour impacter les décisions	L'indicateur cash-flow libre cumulé
RPV spécifiques	Formaliser des dérogations aux RPV existants, en particulier pour les achats et les systèmes d'informations	Expliciter les points sensibles de la structure et le mode de dérogation (ex : recrutements)	Permettre l'émergence de nouveaux RPV spécifiques pour l'initiative	Délégations pour réduire les processus de validations et réagir face aux surprises		Formalisation des dérogations, délégations et diffusion
	Limiter le rattachement fonctionnel	Convenir de rôles et responsabilités évolutifs		Laisser évoluer les rôles en fonction des thèmes et des atouts de chacun dans l'équipe	Construire une équipe opérationnelle, auto-porteuse orientée vers l'action.	Organigramme en chaine de valeur de Porter, non hiérarchique
	Promouvoir visiblement les initiateurs	Conserver la perception d'équité de la part des membres de la structure		Miser sur une part d'intuition des initiateurs	Assurer un alignement stratégique des initiateurs dans la durée	

RECOMMANDATIONS POUR L'INNOVATION DISRUPTIVE. C.CHRISTENSEN	PRINCIPES DE L'EFFECTUATION					INDICATEURS PROPOSES
	FAIRE AVEC CE QUE L'ON A	DÉFINIR SES LIMITES	CONSTRUIRE AVEC LES PARTIES PRENANTES	TIRER PARTI DES SURPRISES	CONSTRUIRE LE FUTUR	
Imprévisibilité	Etablir des scenarios illustratifs d'un chemin vers la vision	Ne pas attendre de rentabilité sur les phases initiales	Engagement des moyens sur une durée explicite pour calibrer les engagements externes	Revue des opportunités nouvelles, pas de la conformité aux plans	Se constituer un portefeuille d'initiatives	Suivi TRL/MRL
Premier entrant, découvrir les marchés		Définir le partage de valeur acceptable avec d'autres investisseurs	Chercher la validation externe des hypothèses	Accepter des marchés non-définis et chercher à maximiser l'Excédent brut d'exploitation, pas le chiffre d'affaire	Influencer les autres pour s'aligner sur la voie en construction	Cartographie des concurrents
Viser ce qui n'a pas de sens pour les acteurs en place	Pas de contrainte de valorisation de l'existant ou d'exclusivité pour la structure en place		Identifier des modes de fonctionnement incompatibles avec les ressources des acteurs en place	Ne pas chercher le consensus, facteur d'alignement excessif. (Selma la vache)		Carte Stratégique

Les actions habituellement mises en œuvre au sein des incubateurs internes sont laissées en blanc.
Les actions qui semblent possibles à mettre en œuvre au sein d'un incubateur interne sont identifiées en bleu Les actions difficiles à mettre en œuvre au sein d'un incubateur interne sont identifiées en rouge.

Tableau 2 : Synthèse de moyens d'action pour faciliter l'innovation de rupture par les entreprises

Lecture du tableau

L'*Imprévisibilité* identifiée par Christensen est mise en contraste avec le frein « *Planifier et s'engager sur le long terme et contrôler sur la base du plan prévu* », identifié par Paul Burns. En repartant des 5 principes de l'effectuation, on peut s'interroger :

Comment une entreprise peut-elle faire face à *l'imprévisibilité* et ne pas *planifier et s'engager sur le long terme et contrôler sur la base du plan prévu*, en « faisant avec ce qu'il a » ? Je propose d'« établir des scenarios illustratifs d'un chemin vers la vision »

L'entreprise a besoin d'un plan, mais l'imprévisibilité ne lui permet pas de s'engager. Les scenarios sont faits sur la base des informations disponibles, avec ce qu'elle a. Ils sont donc compris comme illustratifs, et non engageants, contrairement à ce qui serait attendu pour un projet. C'est un chemin vers la vision. Un autre chemin sera peut-être choisi ensuite par l'équipe.

Comment une entreprise peut-elle faire face à *l'imprévisibilité* et ne pas *planifier et s'engager sur le long terme et contrôler sur la base du plan prévu*, en « Définissant ses limites » ? Je propose de « Ne pas attendre de rentabilité sur les phases initiales »

L'entreprise définit ses limites en considérant les phases initiales en pertes sèches potentielles. L'attente de rentabilité aux phases initiales interdit l'émergence d'une innovation de rupture ou fait prendre un risque important en masquant le risque élevé d'absence de rentabilité initiale. Au pire, si c'est rentable, personne ne s'en plaindra... L'imprévisibilité est prise en compte !

4 applications concrètes

Pour mettre en pratique ces recommandations, regardons comment traiter les questions les plus sensibles pour les incubateurs internes :

- Quels critères de sélection et de priorisation des idées soumises?
- Comment adapter les processus, les ressources et les valeurs ?
- Quels modes de gratification pour entretenir la motivation dans la durée ?
- Quelle structuration possible pour la transition vers la sortie?

Les indicateurs proposés dans le tableau précédent sont présentés en détail en annexe.

Quels critères de sélection et priorisation des idées soumises?

>> Tentation d'une procédure

Comment trier, puis choisir, les initiatives à promouvoir : quel but, avec quels critères ? Quelles phases ? Pour chaque phase : quelle structure, quel support, quels indicateurs, quel mode de suivi ?

La tentation est grande de vouloir revenir rapidement à une procédure, à la mise en place d'une grille d'évaluation, à des critères précis. La motivation est souvent liée à la volonté de « ne pas partir dans tous les sens » et de conserver un alignement stratégique et opérationnel. Il semble important de choisir avec des critères, pour hiérarchiser, prioriser.

Pour l'incubateur, avoir une démarche permet aussi d'être mieux accepté par le reste de la structure. Cela rend son action plus crédible et légitime. Il apparait alors comme un opérateur, fort de sa méthodologie et de son approche spécifiques.

Cependant le développement d'une dynamique entrepreneuriale repose plus sur un « processus », au sens où plusieurs phases seront traversées, mais qui est difficile à transposer en procédure calibrée.

Ce processus va aider à la conversion d'idées en opportunités. Et, derrière ces idées et ces opportunités, ce sont les porteurs, les individus, qui vont se révéler. Retenons que derrière chaque idée, il y a un individu. Eliminer une idée, c'est freiner la dynamique de quelqu'un.

Laissons les idées émerger et être triées par le porteur lui-même.

On peut donc [Tirer parti des surprises]

>> Partir d'une vision inspirante

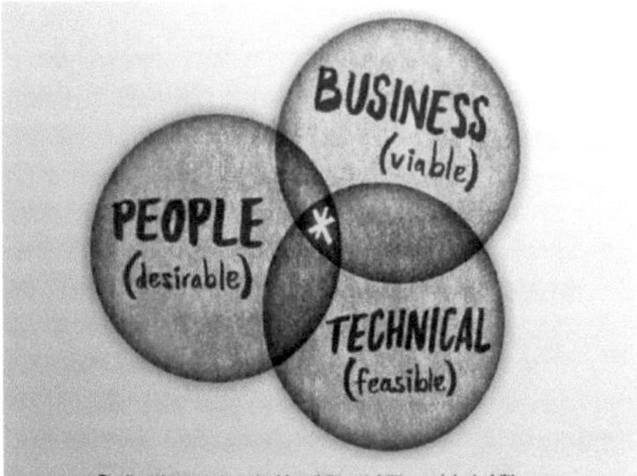

Finding the sweet spot of feasibility, viability, and desirability.

(Kelley, 2015)

La volonté d'allouer de manière sélective ses ressources est légitime. Tous les sujets ne peuvent pas être également encouragés ou financés. Pour autant, l'issue de chacun de ces sujets est hautement imprévisible. « Une trop forte volonté de planification et de tri *a priori* peut assécher l'ensemble. » (Morand & Manceau, 2009)

Avant de sélectionner les idées, la structure peut chercher à limiter le champ des idées exprimées. L'auto sélection des porteurs d'idées est déjà un premier filtre efficace, si la vision est clairement exprimée. Pour obtenir de bonnes idées, de bonnes graines, l'inspiration doit alors puiser dans le champ d'action définie par la structure. Plus l'idée est éloignée de la mission de la structure, plus sa concrétisation sera difficile et dilutive du cœur identitaire.

Pour permettre l'émergence d'idées, puis d'initiatives, en lien avec la structure, la vision exprimée doit être claire, stable dans la durée et conduire les membres de la structure à s'atteler à de nouveaux défis en lien avec cette vision.

L'intrapreneur va alors présélectionner des idées qui s'inscrivent dans cette vision et qui lui semblent viables, désirables et faisables.

On peut donc [Construire le futur]

Cette légitimité de l'intrapreneur à s'auto-filtrer est d'autant plus importante pour les idées disruptives qui sont plus difficiles à formuler, à partager et donc à évaluer.

>> L'idée des rencontres

Un dirigeant témoignait à un groupe du MBA de sa grande satisfaction à visiter régulièrement toutes ses équipes et ses clients à travers le monde. Il tirait de ces rencontres beaucoup de prise de recul et des idées nouvelles lui parvenaient naturellement. Par contre, il trouvait les équipes peu inspirées et trop conservatrices. Il s'est rendu compte pendant l'échange avec notre groupe que favoriser les rencontres à l'intérieur de son entreprise, entre les sites, entre les pays, augmenterait les chances de voir émerger des idées vraiment nouvelles. Laisser aux équipes du temps d'échange et de rencontre leur permet de générer de nouvelles idées.

Différents axes de diversification pourront être envisagés pour constituer le portefeuille :

Le mode d'obtention de l'idée :

- Par un besoin latent ou une tendance sociétale (approche de type Design thinking)
- Par la découverte d'une technologie que l'on souhaite pousser vers un marché.

L'émergence des idées n'est cependant pas le goulot d'étranglement principal dans le processus. Les démarches d' « appel à idée » sont souvent très prolifiques, à l'image de la démarche « innovation works » lancée par Michelin en 2014 avec plus de 2 000 idées rassemblées pour l'Europe en moins de 2 mois. Ce ne sont souvent pas les idées qui manquent...

On peut donc [Faire avec ce que l'on a]

>> Trier par l'engagement des parties prenantes

Pour tester la robustesse de son auto-évaluation, l'intrapreneur peut alors tester son idée auprès d'autres personnes. Selon la réaction et l'implication des autres personnes, il va progressivement affiner et renforcer son idée.

La proposition est d'éviter l'approche « boite à idée » plutôt quantitative, et où l'évaluation est déléguée à un autre, à des autres, à des managers, des experts ou d'autres spécialistes. Il est peu probable qu'ils déploient de l'énergie pour faire germer une idée dont ils ne sont pas les auteurs et pour la transformer en opportunité.

Une première sélection se fera donc par la confrontation de l'idée par le porteur de l'idée, puis un passage à l'action par la création d'une première équipe d'intérêt et la recherche de sponsors internes. Le mécanisme d'implication progressive et itérative des différents acteurs et des différents niveaux des entreprises est explicité par Burgelman, dans son article de référence sur les étapes de progression d'une initiative. (Burgelman, 1983)

On peut ici imaginer un appui de l'incubateur pour faciliter cette première phase. Par un système de financement d'amorçage par les projets en cours, il peut offrir la possibilité d'un financement symbolique pour quelques évaluations préliminaires.

Un système plus global, de type crowdfunding interne, pourrait permettre aux porteurs d'idées de chercher l'adhésion d'autres salariés plutôt que d'un groupe restreint de « sélectionneurs ».

Cette exposition de l'idée à d'autres personnes est une étape parfois difficile pour le porteur, mais très structurante et auto-sélectionnant. On cherche avant tout à identifier une **Rencontre** entre l'individu, une opportunité, un contexte.

On peut donc [Construire avec les parties prenantes]

>> Portefeuille et Nudge

Après avoir évité la sélection amont des idées par des représentants de la structure, il s'agit maintenant d'allouer de manière sélective ses ressources.

On peut donc [Définir ses limites]

Tout d'abord, l'approche portefeuille permet de viser un « équilibrage des actifs », plutôt qu'un classement selon des critères prédéfinis. Cette approche est largement recommandée par les banques pour la constitution d'un patrimoine avec des actifs risqués. Une approche similaire de classes de risques et de durée de détention permettrait de constituer un portefeuille équilibré.

La cartographie des synergies/accessibilité

- En abscisse, selon **un niveau croissant de [perte acceptable]**, une échelle du financement estimé pour atteindre l'autofinancement (besoin maximum de financement du Free-cash flow cumulé)

- En ordonnée, selon **un niveau décroissant de [faire avec ce que l'on a]**, une échelle du taux de ressources internes de la structure, utilisées pour atteindre l'autofinancement. Cet axe traduit le niveau de proximité opérationnelle.

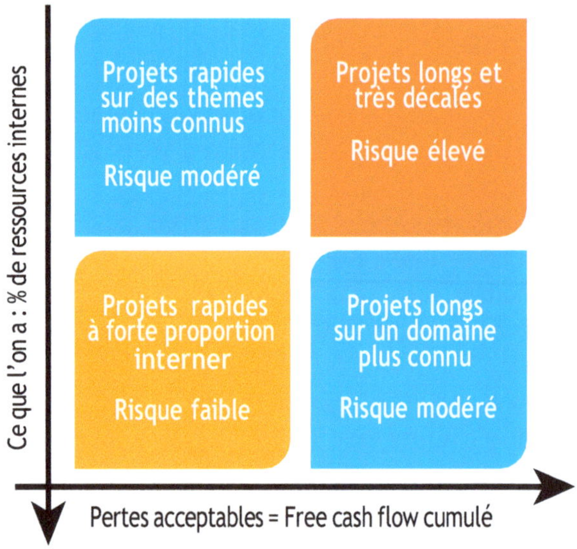

Figure 7 - mode de cartographie des idées et opportunités

On peut alors choisir une répartition cible de son portefeuille et stimuler particulièrement les initiatives dans les zones sous-pondérées.

A noter que cette cartographie ne prend pas en compte l'axe de proximité stratégique. Cette conformité avec la vision de l'entreprise est plus évolutive et moins quantitative, donc plus subjective. Elle pourra être prise en compte par la suite, lors de l'allocation des ressources. L'approche Nudge (Richard & Cass, 2008) suggère une méthode douce pour inspirer la bonne décision. Elle vise à faciliter le développement de ce que l'on souhaite en lui facilitant l'accès. La structure a la possibilité d'influencer alors le développement des idées les plus en phase avec sa vision et l'équilibre de son portefeuille, en accordant un financement plus ou moins important selon les sujets. Cette pondération n'est pas définitive. Elle pourra être ajustée en fonction de la progression et des surprises apportées par chaque équipe.

Cette cartographie demande déjà un travail prévisionnel de Free cash-flow cumulé et de pourcentage de ressources internes. En lien avec le caractère imprévisible de l'action réelle, il faut donc considérer cette cartographie comme une photo. Elle ne doit pas servir à contrôler ensuite les initiatives sur le réalisé par rapport aux estimations, mais à évaluer l'état du portefeuille. Elle permet de clarifier l'ampleur des moyens nécessaires pour chaque initiative et, d'une certaine manière, l'éloignement par rapport aux RPV actuels.

Moins de filtre à l'entrée peut conduire à accroître le flux d'initiatives. Il sera alors d'autant plus important de bien gérer les options de sorties et leurs mises en œuvre. Ce point sera abordé plus loin.

Comment adapter les RPV ?

Pour mémoire, RPV = Ressources/Processus/Valeurs (Voir page 19)

>> Clarifier l'après-incubateur

L'adaptation en profondeur des RPV d'une structure établie pour prendre en compte une structure émergente semble être une démarche contradictoire, comme le souligne Christensen. Les entreprises mettent alors en place des dérogations pour faciliter le fonctionnement des incubateurs et des initiatives. Etablir des dérogations, c'est rendre la structure réceptive aux besoins spécifiques de l'initiative.

Le fonctionnement complètement hors-règles et hors-processus ne serait ni tenable, ni faisable, car il créerait un déséquilibre incompréhensible par les autres membres de la structure.

Pour calibrer l'effort d'adaptation, il semble préférable de bien clarifier dès le début les issues possibles pour l'initiative. Le niveau d'intégration future guide le niveau d'écart acceptable aux RPV. Si l'on vise une sortie à terme, les dérogations sont sans conséquences. Si l'on vise une réintégration à terme, une adaptation plus forte de l'initiative aux RPV déjà existants est nécessaire.

Avec une vue d'ensemble, les RPV de la structure peuvent sembler compatibles avec le développement d'une initiative. Mais le diable est dans les détails et c'est dans le quotidien des initiatives que les RPV de la structure auront un impact.

Certaines entreprises, comme Airbus dans le Bizlab, définissent ainsi dès le début 4 issues possibles : l'abandon, la réintégration, la filialisation, la cession (y compris à l'équipe).

On retrouve dans le tableau ci-dessous un certain nombre d'adaptations des RPV listés en fonction des 5 principes de l'effectuation.

RPV spécifiques	Formaliser des dérogations aux RPV existants, en particulier pour les achats et les systèmes d'informations	Expliciter les points sensibles de la structure et le mode de dérogation (ex : recrutements)	Permettre l'émergence de nouveaux RPV spécifiques pour l'initiative	Délégations pour réduire les processus de validations et réagir face aux surprises		Formalisation des dérogations, délégations et diffusion
	Limiter le rattachement fonctionnel	Convenir de rôles et responsabilités évolutifs		Laisser évoluer les rôles en fonction des thèmes et des atouts de chacun dans l'équipe	Construire une équipe opérationnelle, autoporteuse orientée vers l'action.	Organigramme en chaine de valeur de Porter, non hiérarchique
	Promouvoir visiblement les initiateurs	Conserver la perception d'équité de la part des membres de la structure		Miser sur une part d'intuition des initiateurs	Assurer un alignement stratégique des initiateurs dans la durée	

Tableau 2 - Extrait du tableau d'analyse - les RPV spécifiques

Chaque ligne traite d'une dimension particulière :

>> Adapter les processus

- Le développement du réseau dans un nouveau domaine d'activité passe par une phase de recherche de sous-traitants fiables. Les procédures d'optimisation des achats (seuils d'appels d'offres, plafonds...) peuvent nécessiter des adaptations.

- Le développement de processus propres à son activité est imbriqué dans les systèmes d'informations associés. Permettre l'utilisation de systèmes d'informations proportionnés est un facteur clé du développement opérationnel de l'initiative.

- Plus l'initiative est éloignée de l'activité cœur de la structure, plus les recrutements externes seront nécessaires pour compléter les ressources de l'initiative. En cas de contrôle strict des embauches, des dérogations devront être prévues.

Les processus de validation des investissements et des engagements pourront être délégués pour confier la responsabilité à l'équipe de l'initiative pour des montants aussi larges que possible, mais dans le respect des budgets alloués.

- La formalisation des délégations permet d'expliciter cette dérogation et faciliter le fonctionnement en interface avec la structure, en particulier dans le cas de société avec une marque forte. Les risques encourus par la marque de la structure en place justifient des processus de protection, qui se justifient beaucoup moins pour la marque de l'initiative, mais qui, en revanche, peuvent freiner son développement sur son marché.

Il reste néanmoins difficile d'envisager la construction de RPV spécifiques à l'initiative dans le cadre d'un incubateur interne.

>> Organiser les ressources

Paul Burns identifie le risque d'un management fonctionnel avec des descriptifs de postes rigides. L'approche entrepreneuriale proposerait :

- Construire une équipe opérationnelle autoporteuse et orientée vers l'action. Pouvoir rassembler des compétences variées au sein d'une même équipe, dans un même but, permet d'accroitre significativement la synergie de l'équipe.

- L'imprévisibilité demande une adaptation régulière de l'équipe aux différents contextes. Le rôle de chacun se redéfinit progressivement en fonction des surprises et des nouveaux membres de l'équipe.

- Le rôle hiérarchique doit être limité au fonctionnement contractuel. Permettre une équipe collaborative est important pour une meilleure dynamique humaine. Eviter l'organigramme hiérarchique en présentant l'organisation de l'équipe sur une chaine de Porter permet de mettre en avant le rôle de chacun et sa contribution au but.

>> Gratification des intrapreneurs

Le sujet de la promotion, la gratification des intrapreneurs et de leur reconnaissance est un sujet à part entière. C'est le point suivant.

Quels modes de gratification pour entretenir la motivation dans la durée ?

Le développement d'idées, d'opportunités et d'initiatives est déjà possible dans les entreprises, même sur des sujets très décalés. La question de la rémunération et de la reconnaissance reste un sujet délicat, mais ce n'est qu'un des facteurs de motivation. Avant tout, vient la confiance.

>> Confiance mutuelle

Les managers sont généralement ouverts aux démarches d'innovation et supportent les équipes.

Mais... est-ce que les entreprises sont réellement prêtes à l'intrapreneuriat ? Est-ce que les entreprises souhaitent vraiment « encourager la recherche d'opportunités et d'innovation de manière systématique à travers toute l'organisation, remettant toujours en cause l'ordre établi, chercher des moyens d'amélioration et de création d'avantages compétitifs » ? (Burns, 2013). Est-ce que les entreprises sont prêtes à « faire confiance. Adopter une démarche d'intrapreneuriat - ce qui revient à encourager à tous les niveaux l'identification et l'exploitation des opportunités de manière créative et innovante - implique donc très directement la modification profonde des rôles « anciens » de management. C'est là que se trouve le plus grand défi pour la mise en place réelle, effective et durable de l'intrapreneuriat et donc d'une organisation entrepreneuriale ». (Nunes P., 2000) La crédibilité des entreprises dans cette volonté réelle d'intraprenariat ou d'esprit entrepreneurial, passe par leur capacité à clarifier la profondeur de la modification souhaitée. Transformer l'existant ou faire naître de nouvelles branches ?

Pour les entreprises qui souhaitent une transformation profonde de leur culture, elles peuvent viser au-delà de la « responsabilisation » (terme mal traduit de l'« empowerment » - qui signifie « donner le pouvoir »), pour viser le « self-powerment » - auto mandat : des équipes ayant confiance en leur capacité à engager, de leur propre initiative, les meilleures choses pour leur organisation. Cette confiance émergera du droit à l' « erreur constructive » (Kelley, 2015), de sorte que « l'échec puisse mener à des apprentissages, sans mettre en danger la carrière ». L'intrapreneur a, avant tout, besoin de sentir la permission d'essayer et donc d'échouer le cas échéant. C'est la fiabilité de son entreprise dans l'acceptation des échecs qui est évaluée. Bien sûr, les succès sont nécessaires et seront reconnus.

Le quotidien est aussi fait de rencontres entre individus, de connivence, d'expériences communes. C'est un écosystème de mentors, de relations, de contacts, qui permettent à l'intrapreneur de sentir une intimité avec son entreprise.

La confiance peut être décomposée en 4 facteurs : 3 au numérateur : crédibilité, fiabilité, et intimité - 1 au dénominateur :

$$\text{Confiance} = \frac{(\text{Crédibilité} + \text{Fiabilité} + \text{Intimité})}{(\text{Auto-orientation})}$$

Équation 1
(« The Trusted Advisor », 2000, Harvard professors David H. Maister, Charles H. Green, and Robert M. Galford) : https://youtu.be/gTkkC2ildfs

L'auto-orientation des entreprises réduit la confiance. Les entreprises doivent avoir une symétrie des attentions entre rétribution du capital et gratification de ceux qui créent de la valeur. La capacité d'une entreprise à reconnaitre les contributions est un facteur clé. Il peut rapidement réduire la confiance des intrapreneurs et réduire leur motivation pour déployer leur énergie au sein de leur entreprise.

>> Promouvoir significativement

Quels dispositifs de rémunération / reconnaissance, mais aussi de gestion de parcours professionnels ?

Vouloir reconnaitre équitablement la contribution des intrapreneurs, c'est permettre la reconnaissance financière sans créer de sentiment d'inéquité. Cela vise aussi à donner envie à d'autres de se lancer dans ce mode de fonctionnement et d'afficher l'appui et l'importance de la démarche.

La question de l'équilibre entre motivation par la passion et par les dollars devient rapidement un sujet tabou.

Kelley, 2015)

Les intrapreneurs partagent globalement les mêmes motivations que les entrepreneurs : travailler par passion plutôt que par obligation. Ils ont une très forte motivation intrinsèque. Ce qui les fait avancer, c'est leur besoin exceptionnellement élevé de réussir. Dans leur quête, ils ont besoin de percevoir et de mesurer leurs réussites.

« Ce n'est pas pour dire que les entrepreneurs ne sont pas motivés par d'autres choses, aussi, comme l'argent, mais souvent **l'argent n'est qu'un indicateur de leur succès qui leur permet de mesurer leur réussite.** » (Burns, 2013)

>> La promotion des innovateurs par GENTEX

GENTEX est en cela une référence intéressante, car ils ont mis en place différents types de reconnaissance pour les intrapreneurs :

Non-financières :

- « mur des brevets » au siège, déjeuner avec le CEO pour célébrer le succès d'une innovation… La reconnaissance apportée en célébrant les innovations et les brevets appliqués ne coûte pas cher, mais a un impact majeur sur la motivation des équipes.

- Du temps et des moyens peuvent être accordés aux innovateurs les plus actifs pour concrétiser leurs idées. Cette proposition peut avantageusement être combinée avec celle de mettre en place un crowdfunding interne.

Financières, avec un système de rémunération concentré sur l'innovation :

« Un nombre de stocks options, des LBB (look back bonus ou bonus a posteriori) et l'attribution d'actions gratuites, sont un indicateur direct de la performance d'innovation d'un employé, dans tous les départements.

Les promotions ne sont pas décidées uniquement sur la base des capacités de management, mais aussi sur l'historique d'innovations.

Les employés qui préfèrent se concentrer sur l'innovation plutôt que d'être promus comme managers sont libres de le faire, sans mettre en danger leur carrière. » Extrait d'une présentation GENTEX

>> Espoir raisonnable et véritable gain

La persévérance dans l'initiative « a besoin de s'appuyer sur un espoir raisonnable de succès et la possibilité d'un véritable gain. » (Kelley, 2015)

Des bonus financiers significatifs peuvent être mis en place de manière rétroactive (Look back bonus), ou par l'attribution de stock-options ou actions gratuites, selon les mécanismes existants dans les entreprises. Le juste dosage doit être trouvé pour être équitable, afficher un soutien clair à la démarche, être perçu comme juste par le reste de la structure.

L'équilibre sera particulièrement délicat à trouver. Les fonds d'investissement recommandent un partage du capital avec les dirigeants de la startup (10% à 20%), pour obtenir un alignement stratégique avec les autres actionnaires.

Un partage de valeur équivalent, mais sans partage du capital, consisterait à verser l'EBITDA d'une année à l'équipe clé. Imaginons un partage de 12% de capital et une valorisation à 8x l'EBIDTA, le montant de la valeur partagée est à peu près égal à l'EBITDA de l'année cible.

Pour assurer un alignement stratégique des équipes dans la durée, une prime exprimée en pourcentage de l'EBITDA pourrait se rapprocher de la démarche de partage de capital.

>> Parcours professionnel

Pour ce qui relève des parcours professionnels, les possibilités sont très liées aux options de sorties de l'incubateur et aux souhaits de l'équipe. Certains voudront que l'incubateur soit une étape dans leur parcours professionnel. D'autres voudront conserver la responsabilité du business et l'accompagner dans l'entité. D'autres enfin voudront tenter l'aventure dans une entité autonome, comme une filiale ou un spin-off.

Le retour à un poste équivalent avant l'entrée à l'incubateur est un minimum garanti par toutes les entreprises rencontrées. La place du « revenu » n'est pas évidente : il doit revenir à un mode de fonctionnement conventionnel. L'équipe qui l'accueille dans un contexte structuré peut avoir du mal à donner du sens à cette expérience, pas toujours réussie du point de vue économique. Il y a donc une réelle prise de risque pour ceux qui rejoignent les incubateurs, tant sur leur capacité future à revenir dans l'activité cœur, que pour celle-ci de reconnaitre la valeur de leur expérience.

Pour encourager la démarche, le passage par l'incubateur doit donc être soutenu par les entreprises comme un accélérateur de carrière, voire permettre une prise de responsabilité significativement plus élevée ensuite. Les leviers disponibles, comme la promotion et les primes, peuvent aussi être activés. La dimension entrepreneuriale est alors valorisée et clairement encouragée.

Lors de l'échange avec Airbus, nous avons aussi évoqué la possibilité de mettre en place un parcours de carrière « Innovateur ». A l'image de carrières de « managers » ou de « senior fellow » pour la technique, une nouvelle voie pourrait être mise en place.

Dans les cas de sortie de l'entreprise par création d'une nouvelle entité, la question du parcours professionnel ne se pose plus vraiment. Il se développe dans la nouvelle entité. En cas de transfert de responsabilité vers un nouveau dirigeant, la situation humaine peut être délicate, avec un sentiment fort de désaveu. Sur les phases de sortie, il faut être vigilant au sentiment d'appartenance des fondateurs du projet. Comme c'est un levier important de leur motivation, il est nécessaire de co-construire la transition pour éviter de causer des dégâts humains longs à cicatriser.

Quelle structuration possible pour la transition vers la sortie?

De la licence de technologie à l'intégration dans une activité existante, il existe un panel d'options d'organisation du business.

>> Critères pour départager

L'étude de cas de Lucent technologie (Chesbrough, 2001), cite une grille

Exhibit 5 New Business Structure Drivers

	License	Tech for Equity	Partner	External Venture	Internal Venture	Existing Business Unit

Strategic Fit	Low	High
Target Markets/Customers	New/Unrelated	Known/Related
Leverage Ongoing Research	Limited	Extensive
Operational Capabilities	Weak/Limited leverage	Strong/High Leverage
Venture Team	Unavailable	Available
Industry Competitiveness	High/Unrelated Model	Low/Similar Model
Investment/Risk	High Reqmts/Risk	Low Reqmts/Risk
External $/Expertise Needed	Yes	No
Management Autonomy Required/Desired	High	Low

A l'extrême, on retrouve bien les critères des grandes entreprises pour une nouvelle activité logiquement développée en interne :

- Fort alignement stratégique
- Clients et marchés connus
- Fort effet de levier de la recherche existante
- Forte utilisation des capacités opérationnelles
- Equipe et compétences nécessaires existantes.
- Modèle industriel similaire
- Risque financier faible
- Faible besoin de ressources externes
- Faible autonomie de l'équipe requise

A l'inverse, l'éloignement des RPV de la structure conduit à la création d'une entité séparée, jusqu'à une cession complète. Plus les RPV nécessaires sont éloignés du cœur identitaire de la structure, et plus la nouvelle entité est indépendante de la structure en place.

>> Structuration juridique

Si l'on rapporte cette grille d'analyse à une structuration sous l'angle juridique, on peut identifier 4 grandes voies :

- **Centre de profit (Existing Business Unit, Internal venture) :** L'équipe poursuit en interne avec la création d'une entité dédiée, rattachée à la structure en place, et se conforme aux RPV antérieurs (Ressources/Processus/ Valeurs). La gouvernance est hiérarchique.

- **Financement majoritaire (External venture, Partner) :** L'équipe poursuit avec la création d'une entité spécifique, détachée de la structure en place, et crée ses propres RPV tout en respectant une interface avec les processus antérieurs. La gouvernance est liée à la propriété/ financement par l'entreprise d'origine.

- **Financement minoritaire (Partner, Tech. for equity) :** L'équipe poursuit avec la création d'une entité spécifique, détachée de la structure en place, créé ses propres RPV, en s'inspirant, mais sans contraintes, des processus antérieurs. La gouvernance est confiée à l'équipe, pilotée par un groupe d'investisseurs.

- **Cession/Fermeture (Tech. for equity, License) :** L'équipe arrête : classement sans suite, cession interne ou externe, Licence.

Pourquoi insister sur la structuration juridique ? Car la contractualisation est la transposition par écrit de ce qui est souhaité. Parler de structuration juridique permet de rendre plus concrètes les options décrites et leurs conséquences, en terme de responsabilités, d'autonomie et de financement.

Le spectre de solutions est large. Comme indiqué précédemment, la réussite d'une organisation dans la démarche entrepreneuriale est intimement liée à une dynamique et il ne peut pas y avoir de réponse unique ou de critères binaires.

Nous allons ensuite approfondir l'option de **Financement minoritaire**. Non pas qu'elle soit la meilleure et l'unique solution, mais parce qu'elle semble moins évidente d'un point de vue de la structure. Elle comporte néanmoins un certain nombre d'avantages directs et indirects qu'il semble intéressant d'explorer.

L’effectuation peut guider les incubateurs dans les entreprises

Les incubateurs apportent une première réponse au défi de l’innovation de rupture. En appliquant les principes de l’effectuation, les entreprises favorisent une culture entrepreneuriale, à condition de :

- Eviter les jurys de sélection d’idées mais plutôt évaluer l’engagement des parties prenantes
- Ne pas chercher l’optimisation trop rapide et accepter de laisser les initiatives identifiées leurs meilleures Ressources/Processus/Valeurs.
- Eviter le conformisme en reconnaissant la contribution spéciale des individus par leur évolution significative

Pour relever le défi de l’innovateur, les entreprises peuvent s’appuyer sur leur incubateur. Mais des limitations restent insurmontables pour obtenir le plein potentiel des équipes et des opportunités business.

L’extrapreneuriat, du nouveau pour renforcer l’existant

Les travaux existants

>> Définition

Le seul article académique trouvé sur la question de l'extrapreneuriat a été rédigé par Pascale Brenet, de l'IAE, Université de Franche-Comté. Cet article définit l'extrapreneuriat comme « la création d'entreprise par un ou plusieurs salariés issus d'une organisation parente, qui prend appui sur des actifs tangibles ou intangibles issus de cette organisation ». Cela couvre un champ assez large. Si on limite le champ à l'Extrapreneuriat soutenu par une entreprise, on retrouve 4 options :

- Essaimage social : cas de restructuration profonde
- Extrapreneuriat de désinvestissement : cas de séparation de certains domaines d'activités stratégiques.
- Extrapreneuriat vertical : externalisation dans le cadre de la gestion de la chaine de valeur.
- Extrapreneuriat technologique : « naît dans le sillage des cycles de R&D et d'innovation des entreprises parentes, certaines technologies donnant lieu à une valorisation à l'extérieur des frontières, parce qu'elles font l'objet d'arbitrage financier, sont considérées comme non-stratégiques, ou **en raison de l'intérêt que peut présenter leur portage par une jeune structure indépendante.** »

>> Extrapreneuriat technologique

Dans le cadre de l'innovation de rupture, c'est en particulier l'Extrapreneuriat technologique qui est concerné. Pascale Brenet précise l'intérêt et le mécanisme :

« Pour l'entreprise, il s'agit, dans la logique du corporate venturing, de valoriser certaines ressources, essentiellement immatérielles, selon des modalités organisationnelles différentes du fonctionnement habituel de l'entreprise. Ceci permet à la fois de laisser une chance de développement à des activités dont le potentiel est incertain et d'isoler le risque dans une structure ad hoc à laquelle sont alloués des moyens et des délais, en dehors des modes de gestion conventionnels. L'entreprise parente peut alors choisir de conserver un lien avec le spin-off sous forme de participation au capital, de coopération technologique ou commerciale, d'accords en terme de propriété intellectuelle qui rendent possible l'accès ultérieur aux ressources externalisées et aux résultats générés. [...]Le corporate venturing s'explique (Drucker, 1974) par **l'impossibilité pour une même entreprise de gérer l'existant et de créer de la nouveauté, en particulier dans le cas de l'innovation de rupture.** » (Brenet, 2016)

Cette approche est aussi soutenue par Marie Vorgan le Barzic (CEO de NUMA) et Charles-Edouard Bouée (CEO de Roland Berger) : « **Les grandes entreprises doivent savoir séparer l'activité traditionnelle et l'innovation de rupture.** [...] Il manque aujourd'hui un dispositif souple qui libérerait les grands groupes de leurs contraintes pour financer l'innovation de rupture tout en gardant ces innovations à portée de main. L'excubateur permet cela. » (Vorgan le Barzic & Bouée, 2016)

Tammo Ganders, fondateur de Excubate.de expose en février 2016 le concept : « Excubation takes a more balanced approach to the sourcing of teams and ideas, leveraging internal and external resources synergetically. »

En pratique

>> Une étape intermédiaire

Le télésiège non débrayable est, soit trop rapide et tape dans les mollets au chargement, soit trop lent en phase de montée et prolonge inutilement l'ascension. Le télésiège débrayable a résolu le dilemme : il faut découpler les phases de transitions.

L'extrapreneuriat, c'est la même chose. Incubée en interne, l'initiative subit les contraintes de l'entreprise et ses RPV spécifiques. Excubée temporairement sous forme d'une société indépendante, elle peut réaliser sa phase de démarrage pilotée par l'équipe fondatrice, tout en conservant une reprise de contrôle possible pour la phase réellement opérationnelle.

>> Confier le contrôle, puis décider

Le modèle vise un fonctionnement en deux temps :

1. Pour pouvoir confier le contrôle, une nouvelle entité juridique distincte est créée, majoritairement détenue par l'équipe fondatrice. L'entreprise conserve une participation minoritaire au capital. Un financeur externe contribue au capital et permet d'impliquer un acteur habitué des financements d'innovations. Le financement complémentaire est apporté par l'entreprise d'origine sous forme d'obligations convertibles.

2. Au bout de 5 ans, l'entreprise d'origine peut décider de la conversion pour reprendre le contrôle de la société ou de demander le remboursement à terme de ses obligations. L'équipe fondatrice et le financeur externe disposent de 3 ans pour rembourser les obligations.

L'entreprise d'origine conserve donc la possibilité d'une pleine propriété.

>> La propriété intellectuelle est gérée

Le transfert de la propriété intellectuelle, sous forme de brevets ou de connaissances, doit être organisé. L'entreprise d'origine cherche à protéger son patrimoine et donc à valoriser au mieux sa propriété intellectuelle.

La nouvelle société doit bénéficier a minima de la liberté d'exploitation sur son champ d'application. Des exclusivités ou la pleine propriété faciliteraient son financement externe.

Il existe de nombreuses sociétés mortes ou agonisantes, qui possèdent pourtant de nombreux brevets. L'enjeu est donc de valoriser ce patrimoine plutôt que de le verrouiller.

Le montage réalisé par Geotrend avec Airbus montre le réalisme d'un fonctionnement en deux temps. Dans le cadre de l'Extrapreneuriat, il pourrait prendre la forme suivante :

1. Constitution de la société avec des licences exclusives, rémunérées en fonction des ventes.

2. Option de rachat de la propriété intellectuelle à un prix fixe applicable en cas de non-reprise du contrôle par l'entreprise d'origine.

Pour permettre la poursuite de la coopération de recherche avec l'entreprise d'origine, un mécanisme de licences additionnelles pourrait être mis en place de manière bilatérale : de l'entreprise d'origine vers la nouvelle société et de la nouvelle société vers l'entreprise d'origine.

>> Assembler des RPV spécifiques

Pour construire ses RPV, les fondateurs s'inspirent naturellement de ce qu'ils connaissent le mieux. Tous les processus, systèmes d'information et vocabulaire qui conviennent peuvent être réutilisés. L'identification des fonctions communes (par exemple, en se basant sur le Business model canva) ou sur un organigramme de style Porter permet de maximiser la mutualisation des moyens. Chacun restant libre de cesser cette interaction si elle pénalise sa propre activité. Les meilleures synergies sont conservées.

Concrètement, l'interaction peut prendre la forme d'une licence exclusive pour tous les brevets nécessaires, ou d'un contrat de service prévu entre la structure d'origine et la nouvelle entité pour les fonctions support et les moyens techniques de recherche et développement.

>> La réponse partielle de la filiale

Une nouvelle entité majoritairement détenue par une entreprise (une filiale) ne permettrait pas de s'affranchir des règles groupes et rendrait plus délicate sa mise en œuvre opérationnelle. De nombreux échecs sont recensés, comme ceux cités lors de l'interview réalisée chez ENGIE, ou d'autres exemples connus chez Michelin. Le financement majoritaire implique une responsabilité totale de la structure d'origine, une consolidation des comptes, des frais généraux et des ETP. Il est plus difficile de confier réellement les rênes d'une société que l'on finance à 100%. Cela implique aussi un suivi très chronophage par les équipes de la structure d'origine et donc réduit la possibilité d'un portefeuille élargi. Une participation minoritaire crée donc l'opportunité d'un transfert effectif de la responsabilité.

Une réponse aux contraintes des groupes

Combiner les forces des grandes entreprises (technologies, capacité de financement, ressources techniques) et l'agilité des start-up (nouveaux RPV, pas d'historique, intuition et décisions des fondateurs) dans un intérêt commun à long-terme et répondre aux 5 contraintes vues précédemment. Les forces de l'extrapreneuriat :

>> Développement à son rythme

La constitution d'un portefeuille d'initiatives externes fait baisser la pression du retour sur investissement et de la croissance de chiffre d'affaire. Chaque initiative peut se développer à son rythme tout en conservant un accès privilégié au financement. La prise de risque est calibrée par l'équipe, en fonction du contexte, indépendamment de la taille de l'entreprise d'origine.

« Soyez Lean et concentrez-vous sur l'expérience client. Le piège, c'est de vouloir dominer le marché tout de suite. » (Sarazin, 2018)

>> Ses propres RPV

En s'inspirant des processus et des habitudes de l'entreprise d'origine, la nouvelle entité développe ses propres RPV. Elle fait naître un nouveau cœur identitaire qui deviendra ensuite un nouveau « business cœur », indépendant du premier avec des RPV spécifiques, façonnés pour son propre marché.

>> Gérer l'imprévisibilité

L'imprévisibilité rend vaine toute tentative de rationalisation sous forme de prévisions engageantes. L'équipe peut s'engager dans des partis-pris originaux qui feront sa différence et tirer partie des surprises rapidement. Les circuits de décision sont raccourcis,sans recherche de consensus, ni de pensée de groupe.

>> Confier à l'équipe

Abandonner le contrôle et partager la propriété du résultat potentiel rend possible l'implication des tiers pour mutualiser les risques. Cela permet de confier le contrôle de l'initiative à l'équipe. La responsabilité n'est plus portée directement par la structure d'origine. Elle peut ainsi limiter les ressources engagées en pilotage/reporting. Les décisions sont prises par l'équipe, c'est elle qui engage son destin personnel. « Je n'avais pas besoin de beaucoup de données. [...] J'ai misé sur l'entrepreneur ». Robert Wood au sujet de E-Epoxy, Dow Chemical. (IMD, 2003)

Cette prise en main par l'équipe permet aussi des partis-pris originaux. Revenons à la caricature du peintre : quand Pierre Soulages a réalisé sa première exposition il s'est dit qu'il n'avait pas sa place avec ses toiles noires. Personne n'avait demandé de toiles noires. Aucun consensus n'aurait choisi les toiles noires. C'est pourtant son parti-pris, sa sensibilité particulière aux nuances de noir, qui a fait tout son génie. A l'image des artistes, les entrepreneurs ont un style à exprimer.

Figure 8 : Musée Soulages à Rodez © Soulages

>> Alignement stratégique

Le rôle particulier des initiateurs est reconnu naturellement, sans générer de risques de déstabilisation dans structure d'origine. Leur alignement stratégique par leur participation au capital et le partage de valeur est rendu possible. C'est un facteur important de motivation dans la durée, identifié et mis en pratique par les fonds d'investissement.

>> Autonomie digitale

Le démarrage d'une nouvelle activité permet de construire l'organisation autour d'outils digitaux de dernière génération sans contrainte d'historique. La « page blanche » permet d'utiliser des produits standards pour une meilleure intégration et une réduction des coûts de mise en place.

De nouvelles sociétés qui renforcent l'existant

Pourquoi racheter un business qui aurait pu nous appartenir depuis le début ?

>> Actionnaires et SG&A

Les actionnaires sont vigilants à la bonne protection des actifs des entreprises. Cependant, le développement d'innovation de rupture reste un pari incertain. « À l'instar des activités de création, l'innovation repose sur une économie de la quantité où les succès sont rares et souvent difficiles à prévoir, et où la quantité de projets menés en parallèle permet l'équilibre économique de l'ensemble. » (Morand & Manceau, 2009)

La phase de maturation peut représenter des charges SG&A significatives, surtout quand les initiatives se multiplient et entrent en phase d'accélération. La dépense est certaine, mais le franchissement du gouffre, lui, reste incertain.

« Les marchés financiers considèrent l'innovation comme risquée et les retours sur investissement trop longs dès lors que les projets exigent des efforts importants en matière de R&D. Ils marquent donc une préférence pour les acquisitions externes, l'achat de brevets à l'extérieur, voire la sous-traitance de l'innovation » (Kotler, Keller, K., Manceau, & Dubois, 2009).

Les marchés financiers pourraient être séduits par ce nouveau modèle de R&D externalisée, une réduction des dépenses de SG&A et la conversion de CAPEX en prise de participations.

>> Actionnaires, être prévisible

« Where our organization is mainly organized to deal with risks, we are entering a new age of uncertainty that requires letting more place for entrepreneurship. » (Kelley, 2015)

Les attentes de prévisibilité sont légitimes de la part d'une structure bien établie sur des marchés qu'elle connait. Cette structure gère les risques (Silberzahn P., 2012) : optimisation des moyens, préexistence de buts, paradigme de décisions selon des critères et parmi des options, séparation de la décision et de l'action

L'extrapreneuriat permet d'isoler l'incertitude caractérisée par la créativité, des buts endogènes, paradigme de décision par la construction d'options réelles, la fusion de la décision et de l'action. Le sujet de l'incertitude est aussi bien décrit par (Burns, 2013) comme étant « la révolution entrepreneuriale ».

>> Esprit de compétition

Les équipes de recherche aiment la collaboration, mais aussi la compétition. La compétition dans les brevets, dans la technicité, dans l'invention, stimulent leur créativité.

Les étapes successives de Recherche, Développement, Industrialisation peuvent générer des frictions internes et une attrition de l'innovation par la non-appropriation et la priorisation à chaque transfert inter-équipe.

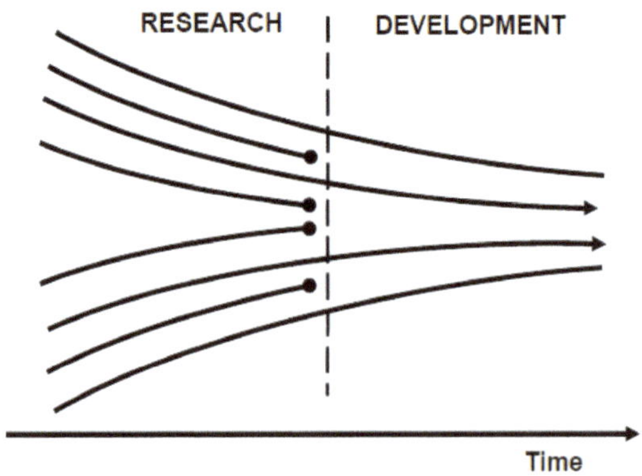

Figure 9 : Attrition de la recherche produite

Donner la possibilité d'un développement externe permet de stimuler les équipes de développement sur leur volonté de prise en compte de la technologie identifiée.

Elle encourage les équipes de recherches qui ne se sentent plus dépendantes de l'intégration aval de leurs explorations.

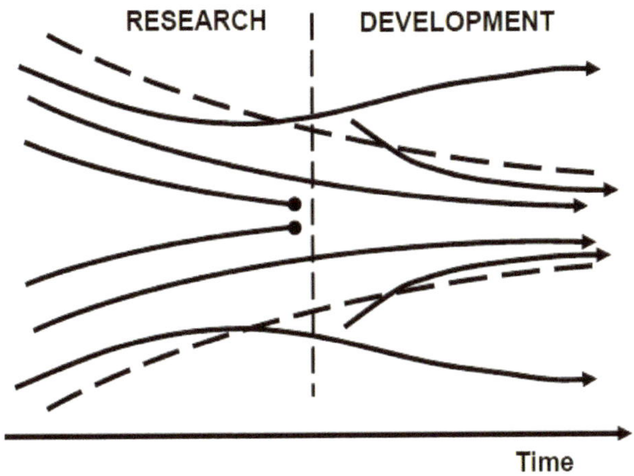

Figure 10 : Extrapreneuriat en complément de l'open-innovation et de la R&D.

>> L'herbe est plus verte ?

La motivation au travail et l'engagement qui en résulte reste une affaire assez personnelle. Elle ne peut pas être décidée ou exigée. J'ai personnellement toujours vécu mon travail comme une passion. J'espère que de nombreux collègues pourront vivre aussi cette expérience.

Issac Getz constate qu'aujourd'hui seuls 10% des employés sont engagés. 60% sont neutres et vivent une relation alimentaire au travail. 30% sont activement désengagés, désabusés et subissent leur quotidien. Les premiers 10% vivent une expérience de jonction de leur travail et de leur passion. Ils ressentent la confiance dans leur action et l'équité de la structure. Les 60% neutres sont autant d'opportunités de meilleur engagement, d'un meilleur épanouissement personnel et d'une meilleure performance induite.

A travers son concept d' « Entreprise libérée », il recommande la responsabilisation ou, en anglais, « empowering » que l'on pourrait traduire par « give the power » : donner le pouvoir.

Les travaux de Hertzberg rappellent que les facteurs de motivation sont principalement intrinsèques. Les facteurs extrinsèques étant plus des facteurs de démotivation.

Donner le pouvoir d'activer sa motivation intrinsèque, c'est laisser la possibilité du choix. Beaucoup de cadres signalent leur questionnement et leur envie de créer leur propre entreprise. (Voir entretien avec Impulse Partner). Offrir le choix de poursuivre en externe par de l'extrapreneuriat ou le choix de poursuivre par un engagement réel dans la structure en place, c'est permettre à chacun de renouveler son choix et son engagement. La structure en place en ressort renforcée par des choix réaffirmés.

Les quelques entrepreneurs qui choisiront la voie de l'extrapreneuriat concrétiseront peut-être de nouveaux business cœur pour leur entreprise.

>> Intégration facilité

La proximité culturelle résultant de l'origine des fondateurs, facilite le rapprochement futur par rapport à une start-up complétement indépendante et sans historique commun. Ce scénario doit, par contre, être géré très en amont et contractualisé dès l'organisation de la sortie. Les conditions doivent être explicitées avec l'équipe fondatrice, y compris les conditions d'accompagnement et de poursuite après la reprise de contrôle par l'entreprise d'origine.

Cette compatibilité culturelle est un atout majeur pour une synergie réussie avec l'entreprise d'origine, comparativement aux tentatives d'achats de start-up indépendantes.

>> Une vision commune

En constituant en interne un portefeuille d'initiatives disruptives, la structure explore les limites de son périmètre connu.

La priorité donnée aux nouvelles initiatives peut conduire les membres du business cœur à s'interroger sur leur avenir. Si tant d'efforts sont consentis sur ces nouvelles activités, qu'en est-il du business cœur ? Si l'avenir de notre entreprise est construit par ces initiatives incertaines, quel avenir pour nous ? Si notre domaine d'activité s'élargit, est-ce que notre expertise et nos moyens ne sont pas dilués ?

Optimiser l'existant, sans le dénaturer

Faire émerger une innovation de rupture

Constituer un écosystème d'entreprises coordonnées

C'est ce que propose l'extrapreneuriat.

L'extrapreneuriat comme aboutissement de la démarche d'intrapreneuriat

L'extrapreneuriat permet l'expression totale du potentiel de l'équipe, tout en permettant au groupe de développer sa création de valeur.

- >> Confier le contrôle pour explorer sans rechercher de consensus
- >> Renforcer l'engagement des équipes hors et dans le groupe
- >> Valoriser ses actifs sans en perdre la maitrise

Optimiser l'existant sans le dénaturer. Faire émerger une innovation de rupture. Constituer un écosystème. C'est ce que propose l'Extrapreneuriat.

Conclusion

Mon expérience au sein de l'incubateur de Michelin (IPO) m'a permis de découvrir de nombreuses facettes du Groupe, ses forces et ses tâtonnements. En parallèle, mon parcours EMBA à l'EM Lyon a été l'occasion d'un apprentissage varié, d'échanges concrets et d'une ouverture aux théories existantes sur l'innovation et l'entrepreneuriat. Les interviews ont donné de l'épaisseur à mes réflexions en me permettant de confronter mes idées et de multiplier les points de vue.

A travers mon mémoire, je souhaitais pouvoir structurer mon analyse, proposer une argumentation plus étayée de mes intuitions et aboutir à des recommandations concrètes sur la manière d'aborder l'innovation de rupture dans les grands groupes.

Avec l'équipe ResiCare, nous vivons une aventure passionnante de développement d'une innovation de rupture, éloignée du produit cœur de l'entreprise. Nous avons développé notre propre mode de fonctionnement, différent de celui du business cœur. Mais j'ai aussi un profond respect du travail réalisé par tous ceux qui aujourd'hui permettent au Groupe de fonctionner sur son business cœur. Les deux sont nécessaires. Nous pratiquons simplement une activité différente.

En ce qui concerne les incubateurs, ils permettent un premier niveau de découplage des fonctionnements de la structure. Quelques ajustements pourraient permettre d'en exprimer encore mieux le potentiel. Mes propositions visent à améliorer la prise en compte de la dynamique humaine et à gérer l'innovation davantage en mode portefeuille.

Au bout de cette réflexion se révèle la frontière entre intraprenariat et entrepreneuriat. La place de l'individu incarne le dilemme de l'innovateur. C'est là que se cristallisent les peurs : celles des individus qui devraient quitter une entreprise, et celles des dirigeants qui devraient abandonner le contrôle et une partie de la valeur.

A travers l'ouverture vers l'extrapreneuriat, j'éclaire ici ma conviction que la puissance des entreprises pourrait être pleinement exploitée par la création d'un écosystème de nouvelles sociétés nées d'innovations de rupture. Avec tout le respect du travail qu'elles réalisent, je suis convaincu que les grandes entreprises pourraient renforcer leur cohérence, tout en se constituant progressivement un portefeuille de sociétés excubées.

J'espère que ce travail individuel pourra servir de base à la construction collective de nouvelles voies pour l'innovation de rupture. Vos retours, commentaires et suggestions m'aideront à le poursuivre.

Remerciements

A Philippe Silberzahn pour ses ouvrages inspirants et son accompagnement,

A Sonia Artinian pour sa confiance et son intérêt pour l'exploration de nouvelles voies,

Aux personnes interviewées dans les différents incubateurs : Grégoire Siegel, Dara Francis Elie, Bruno Gutierres, Antoine Thuillier, Przemyslaw Brozena, Eleonore Bon.

A David pour nos échanges réguliers,

A Vincent, Martine, Philippe, Gilles, Marc, Christophe,Timoteo et Caroline pour leurs relectures attentives,

A toute la promotion EMBA 2016-2018 de l'EM Lyon, pour tous les échanges riches au cours de ces deux ans qui ont nourri progressivement mes réflexions.

Liste des figures et tableaux

Travaux cités

Alaaraj, S. (2018, March 15). *Récupéré sur emeraldinsight.com: https://www.emeraldinsight.com/doi/full/10.1108/RIBS-09-2017-0079*

Aubert, S. (2015, 10 21). *Les Echos - Investir. Récupéré sur https://investir.lesechos.fr/pea-pme/dossiers/la-croissance-organique-un-indicateur-cle-pour-un-futur-succes-boursier/la-croissance-organique-un-indicateur-cle-pour-un-futur-succes-boursier-1087530.php*

Aulet. (2015). *Avoid Stagnation: Acceleration Trumps Incubation. Récupéré sur https://techcrunch.com/2014/03/15/avoid-stagnation-why-acceleration-trumps-incubation/*

Bembaron, E. (2018, 05 07). *Récupéré sur Le Figaro: http://www.lefigaro.fr/secteur/high-tech/2018/05/02/32001-20180502ARTFIG00143-nokia-revend-l-ancienne-pepite-francaise-withings-a-son-fondateur.php*

Bouchard, & Parot. (2005). *Le dispositif intrapreneurial «Une myriade d'idée».*

Brenet. (2016). *Extrapreneuriat : un design pour des entreprises à potentiel de valuer et de croissance.*

Burgelman. (1983). A process model of internal corporate venturing.

Burns, P. (2013). *Corporate Entrepreneurship*. Palgrave Macmillan.

Chesbrough. (2001). *Lucent Technologies : the future of the new venture group*. Harvard Business school.

Christensen. (1997). *The Innovator's dilemma*. Harvard Business school publishing.

DAVESNE, S. (2016, 05 30). La productivité décline en France depuis trente ans. *L'Usine Nouvelle.*

Fayol. (1916). *Administration Industrielle et Générale.*

Fayolle, & Bouchard. (Hiver 2012). Comment mettre en œuvre l'intraprenariat? *Gestion*, 11-21.

Gomez, P.-Y. (2013). *Le travail invisible: Enquête sur une disparition.* François Bourin.

Harari, Y. N. (2011). *Sapiens, une brève histoire de l'humanité.* Albin Michel.

Harvard Business School. (2000). *Joline Godfrey and the Polaroid Corporation*. The European Case Clearing House.

IMD, I. I. (2003). *Internal entrepreneurship at the Dow Chemical Company*. Lausanne, Switzerland: ECCH.

Johnson, E. S. (2013-8). *Do Changes in the SG&A Ratio Provide Information About Changes in Future Earnings, Analyst Forecast Revisions, and Stock Returns?* Fayetteville: University of Arkansas.

Kanter, & Richardson. (1991). *Engines of progress: Designing and running entrepreneurial vehicles in established companies - The enter-prize program at Ohio Bell 1985-1990.* Journal of business venturing.

Kelley, D. &. (2015). *Creative Confidence*. William Collins.

Kim, W., & Mauborgne, R. (2015). *Stratégie Océan bleu : comment créer de nouveaux espaces stratégiques*. Pearson France.

Kim, W., & Mauborgne, R. (2017). *Cap sur l'océan bleu*. Pearson France.

Kirsner, S. (2018). *Why There's No Such Thing as a Corporate Entrepreneur*. HBR.

Kotler, P., Keller, K., Manceau, D., & Dubois, B. (2009). *Marketing Management*. Paris: Pearson Education 13e édition.

Lippitz, & Wolcott. (2007). The four models of Corporate Entrepreneurship. *MITSloan management review.*

Morand, P., & Manceau, D. (2009). *Pour une nouvelle vision de l'innovation.* La Documentation française.

Nunes, & Fay. (s.d.). L'entrepreneur confronté à l'organisation. *Entreprendre dans la grande entreprise.*

Nunes, & Roux, L. (s.d.). La dynamique d'intrapreneuriat au sein de Rhodia entre 2000 et 2003.

Nunes, P. (2000). Développer l'intraprenariat : de nouveaux rôles pour le management. *Management et conjoncture sociale*, N°586 - p26.

Richard, T., & Cass, S. (2008). *NUDGE - la méthode douce pour inspirer la bonne décision.* Yale University.

Sarasvathy, S. D. (2001). Causation and effectuation: toward a Theoritical shift from Economic Inevitability to Entrepreneurial Contingency. *Academy of Management Review*, 26,200,243-263.

Sarazin. (2018, Juin 17). *Les 4 points stratégiques de l'innovation disruptive.*
Récupéré sur www.benoitsarazin.com.

Senard, J.-D. (2018, Juillet).
Récupéré sur Rencontres Economiques d'Aix en Provence: https://youtu.be/eoDY8x21hPY

SHARMA, & CHRISMAN. (1999). *Toward a reconciliation of the definitional issues in the field of corporate entrepreneurship.*

Silberzahn. (2014). *Effectuation, les principes de l'entreprenariat pour tous. Pearson.*

Silberzahn, P. (2012). *Culture du Risque, Culture de l'incertitude.* *Blog philippeSilberzahn.com.*

Strategy& | PwC. (2016). *Strategy& Global Innovation 1000 study.*

Vaara, E. (2018). *Managing mergers and acquisitions: Introduction.*

Vorgan le Barzic, & Bouée. (2016, 01 04). *L'avenir des grands groupes se joue dans les excubateurs.*
Récupéré sur latribune.fr

Bibliographie complémentaire sur l'Extrapreneuriat

Définition : ***L'extrapreneuriat*** favorise la création d'entreprises par des salariés quand cette nouvelle structure se trouve directement dans la mouvance de l'entreprise mère. Cette forme d'essaimage permet à l'entreprise de se concentrer sur son métier de base en externalisant ses activités périphériques; elle contribue, de plus, à créer une série de structures autonomes qu'elle fidélise soit en tant que client, soit en tant que fournisseur.

http://www.btb.termiumplus.gc.ca/tpv2alpha/alpha-fra.html?lang=fra&i=1&index=frb&srchtxt=EXTRAPRENEURIAT

Extrapreneuriat : un design pour des entreprises à potentiel de valeur et de croissance - Décembre 2016 Pascale Brenet
http://l.21-bal.com/ekonomika/2130/index.html?page=34

B.A.-BA : l'extrapreneuriat, de salarié à entrepreneur - Novembre 2016
http://www.plugandstart.com/magazine/2016/11/16/extrapreneuriat-salarie-entrepreneur/

Extrapreneuriat | Nouveau modèle d'innovation pour un monde nouveau – Juillet 2014
https://extrapreneuriat.wordpress.com/?blogsub=confirming#blog_subscription-2

L'avenir des grandes entreprises se joue dans les excubateurs! - janvier 2016
https://www.latribune.fr/opinions/tribunes/l-avenir-des-grandes-entreprises-se-joue-dans-les-excubateurs-539912.html

Les grandes entreprises doivent savoir séparer activité traditionnelle et innovation de rupture. La technique de l'excubateur, qui se développe aux Etats-Unis, est une bonne réponse. Par Marie Vorgan le Barzic, CEO de NUMA et Charles-Edouard Bouée, CEO de Roland Berger

L'excubation, nouvelle formule gagnante de l'innovation ? - Avril 2016
https://medium.com/france/l-excubation-nouvelle-formule-gagnante-de-l-innovation-79b739178901

L'excubation une nouvelle hybridation entrepreunariale pour les FinTech françaises : les startup corporate, un décryptage de François Gomez - Janvier 2018
http://www.mbadmb.com/2018/01/24/excubation-acceleration-transformation-numerique-startup/

L'excubation, nouveau levier RH au service de l'innovation - Avril 2018

Agir sur la culture d'entreprise pour encourager l'innovation Les ambitions affichées des grandes entreprises en...
https://weave.eu/lexcubation-nouveau-levier-rh-service-de-linnovation/

EXCUBATION EXPLAINED #1 - Corporate Entrepreneurship Best Practices - Février 2016
https://www.linkedin.com/pulse/excubation-explained-corporate-entrepreneurship-best-tammo-ganders

Synthèse des comptes-rendus des entretiens

>> Engie

Rencontre avec Eleonore BON - Intrapreneur - Leader d'une initiative sur la qualité de l'air intérieur. Juillet 2018

Quel mode de sélection pour entrer dans l'incubateur ?
Au démarrage, tout a commencé avec l'évènement «business for tomorrow». Il s'agissait d'une initiative d'abord à destination des cadres identifiés à po-tentiel du Groupe qui a ensuite été élargie. Cela a généré beaucoup d'idées. Pour s'assurer que l'ensemble des idées remontées puissent être évaluées et que les plus pertinentes puissent être lancées, ila été décidé de mettre en place une organisation spécifique. C'est comme cela qu'est né l'Incubateur « Innovation et nouveaux business ».

Pour permettre à l'ensemble des collaborateurs du Groupe de remonter et partager des idées, une plateforme d'open innovation collaborative a été mise en place. Chacun peut commenter et faire avancer les idées. Après analyse, ces idées peuvent déboucher sur un projet d'incubation.

Des réflexions sont en cours pour faire évoluer le processus et l'organisation pour accroître les formats possibles (amorçage notamment).

A ce jour, il y a une trentaine d'idées qui sont passées par l'incubation. Une dizaine est passée en phase d'accélération ensuite.

Avez-vous un processus d'intrapreneuriat défini ?
Chaque incubation est sponsorisée par Incubateur 50% + BU 50%.

La durée cible de l'incubation est explicitement de 1 an. Il y a un suivi tous les 3 mois avec Go/NoGo.

L'équipe d'incubation est composée de 2 personnes minimum. Les sujets sélectionnés ne nécessitent pas de recherche afin d'avoir un go to market rapide. C'est principalement des services, avec une dimension digitale la plupart du temps.

Cible : démontrer que le business a de l'intérêt et avoir des premières réussites. Avoir testé le produit auprès de clients.

Si le projet est jugé viable, il entre en phase d'accélération. Il n'y a pas de démarche ou d'options identifiées au début. Chaque projet trace sa route. Les exemples principaux montrent un fonctionnement plutôt un peu à part, mais financé par la BU en mettant plus de moyens. Une société externe est constituée si nécessaire (ce qui engendre plus de complexité car nécessite d'entrer dans les process Groupe)

Quand tu as commencé ? comment ça s'est passé ?
Au niveau contractuel, j'ai été mise à disposition temporairement par ma BU d'origine. La BU s'engage à un retour dans l'entité en cas d'arrêt du projet. La réalité montre que ce n'est pas forcément simple de retrouver un poste rapidement, avec un intérêt équivalent. C'est une réelle prise de risque dans l'évolution de sa carrière.

Engie n'a pas d'incubateur dédié. Engie s'appuie sur des Incubateurs externes et apporte du conseil par quelques experts transverses. Le choix de l'incubateur est fait en fonction de la thématique (plusieurs initiatives sont suivies dans « Le village (du Crédit Agricole) ». Ils peuvent être en France ou ailleurs.

J'ai trouvé que c'était plutôt une bonne chose pour pouvoir «sortir du groupe» sur cette période. Cela apporte beaucoup de liberté, même si cela peut parfois être plus difficile de trouver sa route. Comme nous sommes très éclatés entre différents incubateurs, on a peu de bénéfice de l'expérience des autres. Avoir plus de partage et parfois de support transverse pourrait aider à l'équilibre support/autonomie.

A l'époque, pas de possibilité de sortie du Groupe. Seul le programme d'accélération était évoqué. D'autres voies de sorties sont aujourd'hui à l'étude.

La phase de transition/accélération est toujours la plus délicate pour chacune des initiatives : il faut trouver le financement BU, pour avoir plus de moyens.

Pour certains, il y a eu une très bonne réintégration dans les BU avec une certaine autonomie, parfois ça a été très difficile pour avoir les ressources.

Une idée a commencé directement avec un financement Engie et un investisseur externe. Ils préparent maintenant la deuxième levée de fond et l'étape est délicate.

Quelle place est donnée aux porteurs de l'initiative, aux intrapreneurs ?

- Les idées peuvent être portées par des intrapreneurs même si elle ne vient pas d'eux (certains porteurs d'idée ne souhaitant pas se lancer dans l'intrapreneuriat).
- Une fois l'opportunité démontrée, c'est plutôt l'équipe d'origine qui a continué. S'il y a eu un transfert, ça a pu être réussi avec un biseau. Pour les transferts directs, l'énergie semble moins intense et l'investissement de la nouvelle équipe ne sera pas toujours le même.

L'intrapreneuriat, c'est possible pour moi :

- Avantage : au démarrage financement assuré = gain de temps
- Inconvénients : les financements sont plus faciles, ce qui génère nécessairement une légère différence d'état d'esprit. Ce n'est forcément pas pareil quand c'est ton propre argent ou que les ressources sont clairement limitées. Et surtout, les décisions sont aussi guidées pour être «en phase» avec le groupe. Si 100% externe, les choix ne seraient pas forcément les mêmes.

En bref, quelle était la thématique de ton initiative aujourd'hui suspendue ?

Il s'agissait d'un projet autour de la qualité de l'air intérieur pour des clients particuliers. L'objectif était de leur proposer un service de diagnostic de leur qualité de l'air intérieur (grâce à une application liée à un objet connecté de mesure des principaux polluants) avec des actions simples et immédiates d'amélioration et des recommandations pouvant aller jusqu'à des travaux. A l'époque, il n'existait pas de produit satisfaisant sur le marché ce qui nous a poussé à développer notre propre objet connecté. Nous avons réussi à générer plus d'une centaine de pré-commandes.

Le projet a été arrêté, Engie ne souhaitant au final pas s'engager dans un produit (il n'y a pas de culture produit chez Engie et les précédentes expériences se sont soldées par des échecs).

Il a été envisagé de céder, mais finalement tout est resté en stand-by. Il faudrait lever autour de 1-2M€ pour redémarrer.

>> Air Liquide

Echange avec Przemyslaw Brozena, Directeur du I-Lab Airliquide. Mai 2018.

Il existe beaucoup de littérature sur les phases d'idéation et de prototypage, mais beaucoup moins sur la phase client/accélération. Cette deuxième phase est pourtant particulièrement délicate.

i-Lab. Air Liquide a créé son laboratoire d'innovation en 2012/2013 avec pour objectif d'observer le monde extérieur pour capter les tendances et les menaces et les transformer en opportunité pour le groupe.

Auparavant, le groupe était très « techno-centré » autour de son important dispositif de R&D. Sur la base d'une nouvelle technologie, on cherchait une nouvelle application.

Avec i-Lab, on ne regarde pas notre cœur de métier, mais on regarde les enjeux sociétaux, les besoins des usagers. Cela demande de faire appel à de nouveaux profils, pour de nouvelles approches.

4 territoires stratégiques de progression ont été sélectionnés. Dans ces territoires, nous générons des idées sur la base des « pain points » identifiés et nous appliquons des méthodes de création de valeur avec les usagers. A partir d'un « pain point » identifié, un projet se monte sur les aspects business, produit, solution et l'équipe le suit jusqu'au bout

On ne développe pas de nouvelle technologie (principalement concentré sur des solutions de service et du digital. Si besoin, on utilise des technologies externes, y compris de startup. Les critères d'évaluation varient dans le temps et ne sont pas communs aux différentes initiatives. C'est un vrai choix de ne pas avoir de mode de gouvernance standard et d'avoir un mode spécifique à chaque projet. Chacun développe ses propres indicateurs. Des hypothèses sont identifiées et on se donne un temps pour les valider avec un comité de Revue. En cas d'arrêt, on célèbre l'échec. La cause la plus fréquente est que l'on n'arrive pas à résoudre le « pain point » avec le proto ou que le marché n'existe pas (personne n'est prêt à payer pour résoudre le pain point identifié.

Le fonctionnement dans l'iLab :

Une personne commence seule sur un sujet. L'équipe s'étoffe ensuite. Tous les porteurs sont issus de recrutements externes de personnes souvent considérées à haut potentiel. A ce jour, 20 personnes dans l'iLab, 15 personnes sur des projets, 1 directeur et 4 responsables d'un territoire stratégique avec un sponsoring direct par un VP du groupe.

Lors de mon arrivée en 2017, plusieurs projets sont à maturité et démontrent leur création de valeur, mais n'ont pas de connexion avec le groupe. J'ai travaillé activement à leur reconnexion au groupe car ce ne sont pas des « start-up indépendantes ». Cela a relativement bien fonctionné avec les projets adjacents, relativement proches des activités du groupe. Cela a été beaucoup plus compliqué pour les territoires nouveaux. Les porteurs de projets étaient très réticents à ce rapprochement imposé avec le groupe. Ils souhaitaient créer de nouvelles filiales. Beaucoup des intrapreneurs sont à fond pour un « spin-off » et le réclame.

La sortie de l' « i-lab » se fait normalement par la « vente » en interne du projet.

L'intégration des personnes ne pose pas de problème. Il s'agit de profils identifiés Haut potentiel et comme ils viennent de l'extérieur, ce n'est pas un « retour ».

Aujourd'hui, malgré nos efforts pour développer l'interface avec le core business, nous sommes face à de nombreux problèmes. Pour certains cette interface fonctionne, la greffe prend. Pour d'autres, c'est beaucoup plus compliqué. Nous commençons donc à réfléchir sur des scenarios de Filiale à 100% et de spin-off minoritaires.

Pour le montage minoritaire, cela permettrait de limiter l'impact de la culture d'Air Liquide sur la gouvernance. Il faudra par contre prévoir un processus de reprise de contrôle si le projet fonctionne, selon des KPI prédéfinis. Cette option reste à construire et à faire accepter aux dirigeants qui peuvent être frileux à l'idée de perdre le contrôle. La réflexion doit être menée au niveau du groupe.

Mais l'I-lab a aussi un rôle attendu d' «agent de transformation» pour apporter l'esprit entrepreneurial aux activités historiques du groupe. Mais ce rôle est très délicat et compliqué. Il est très challengé. Il existe un clivage fort entre les attentes et le soutien du top management et le reste de l'organisation existante qui peut questionner la légitimité et où il faut chercher des alliés. La légitimité de l'I-lab se construit progressivement autour :

Business lab : structure corporate France qui peut traiter les idées du terrain

Direction transformation digitale qui est en partie le fruit des travaux de l'i-lab

Développement du « design thinking » et des « new ways of working »

Organisation de « learning expeditions »

>> Airbus

Echanges avec Dara Francis Elie (BizLab communcation and events) et Bruno Gutierres (Head of Airbus BizLab)

4 accélérateurs dans le monde : Hambourg, Bengalore, Toulouse et Madrid.

Les accélérateurs accueillent des initiatives internes et des startups externes dans un même lieu, avec le même accompagnement.

Après avoir observé la différence de déroulement des accélérations d'initiatives internes et de startup externes, Dara a décidé de réaliser sa thèse sur le thème « Can internal startup be accelerated like external startups ? »

Bruno rappelle l'historique de création du Bizlab. Il a repris les activités initiées par Business nursery qui cherchait principalement à valoriser en externe des technologies issues de l'aéronautique. Cette orientation conduisait plutôt à la création de nouveaux business en dehors de l'activité du groupe Airbus. Depuis sa création il y a 4 ans, Bizlab évolue progressivement vers une vocation plutôt tournée vers le « spin-in » la réincorporation en interne des initiatives en fin d'accélération.

Le bizlab a donc ajusté ses critères de sélection dans ce sens. Il reconnait que la priorisation est une étape difficile, basée sur beaucoup de sensations et peu de tangible. Il donne une nette priorité à l'état d'esprit de l'équipe. Vient ensuite la faisabilité de la proposition, puis la capacité à réaliser à terme un

« spin-in ». Cette capacité est évaluée sur l'alignement stratégique et sur la compatibilité opérationnelle.

Le processus d'accélération est structuré sur une durée de 6 mois, suivi d'une durée de 6 mois de Post Accélération. Les initiatives et les startups sont clairement identifiées comme les clients du Bizlab. Airbus définit clairement les conditions de sorties possibles. Les fins d'accélérations sont très délicates et ont déjà posé de nombreuses difficultés. Une « implementation gate » a été récemment mise en place à J-2 mois pour officialiser les discussions de transition, décrire la façon dont va se dérouler le transfert, détailler les conditions de mise en œuvre (RH, financiers,...)

Pour mieux valoriser la plus-value apportée par le Bizlab, Bruno a essayé de mettre en place une valorisation des initiatives en fin d'accélération et de les vendre aux business units. Ce fonctionnement aurait permis un autofinancement du Bizlab. Mais cela générait trop de flux financiers internes et n'a pas pu être mis en place.

A ce jour, il n'a pas été trouvé de mode d'incentive particulier pour les salariés qui passent par le Bizlab. Tout est négocié au cas par cas. Bruno cherche à mieux valoriser la prise de risque et l'engagement important des équipes. Il ne trouve pas équitable qu'il n'y ait pas de reward mise en place. Des pistes sont discutées, comme la mise en place d'un « intrapreneur carrier path ». Les sujets RH sont très sensibles et très difficiles à faire valider.

Il faut une très grande résilience pour les équipes des initiatives, mais aussi pour l'équipe du Bizlab qui est elle-même très exposée dans le groupe.

L'extrapreneuriat est une piste qu'il envisage.

Pour limiter les risques sur la marque, en particulier quand les clients sont communs.

Pour des activités qui semblent ne pas pouvoir être réintégrées rapidement en business unit, comme les activités B2C

Une structure externalisée pourrait être un support avant une éventuelle reprise de contrôle par le groupe.

Echanges avec Grégoire Sigel, co-fondateur de Geotrend, issu de l'incubateur Airbus - Bizlab

Le spin-out de geotrend a été décidé lors du Implementation gate avec la participation de représentants de différents services (Innovation R&D, IP, Finance, RH, Airbus Venture,...). Les associés fondateurs détiennent aujourd'hui 100% du capital. Les conditions de cession de la propriété intellectuelle ont été définies. Ils bénéficient d'aides de création d'entreprise et de prêts d'honneur.

Les fondateurs sont en congés sabbatiques puis de création d'entreprise pour une durée cumulée d'environ 3 ans.

Les ventes de services ont démarré.

>> EM Lyon

Alexander Bell - Professeur d'entrepreneuriat à l'EM Lyon - Directeur de l'incubateur EM Lyon.

Après présentation du sujet, il semble intéressant de creuser : Quel sont aujourd'hui les objectifs d'avoir un incubateur interne ? Est-ce un nouvel espace d'innovation ? Quelle est la part de mimétisme ? Est-il clairement défini ce que l'on en attend ? Quelles ressources ? Quel timing ?

Ces points sont souvent difficiles à expliciter par les acteurs internes. L'incubateur a souvent plusieurs rôles et pas uniquement d'apporter des nouvelles idées sur le marché.

L'incubateur interne est nécessairement déformé dans sa mission d'accompagnement des startups car il doit aussi assumer un rôle de vitrine à l'intérieur du groupe, d' « agent de changement ». Il est impliqué dans la communication externe, la communication interne, la gestion RH des talents, vu comme un levier de croissance sur des nouveaux axes stratégiques, et finalement peut intégrer des nouvelles technologies pour les usagers. C'est un poil à gratter, qui doit gérer le consensus.

Le modèle de l'effectuation ne doit pas être considéré comme un modèle unique, mais en complément d'autres approches. Il n'apporte pas de structuration directe. Il peut être compris comme la possibilité de fonctionner sans projection et cela peut être dommageable. Le business plan aide les équipes à clarifier leur projet et à se fédérer. C'est aussi un outil de communication essentiel pour obtenir du financement. Il y a besoin d'avoir un plan de base, tout en acceptant que ce n'est pas le seul plan et la seule cible possible.

De même « commencer avec ce que l'on a », ne veut pas dire « faire avec ce que l'on a ». Il faut bien sûr démarrer de ses atouts, mais il faut aussi savoir compléter ses ressources, techniques et financières pour pouvoir évoluer.

La question de création des marchés, de découverte des marchés est aussi un éternel débat. Il s'agit principalement de résoudre différemment un besoin existant, mais qui peut être latent.

La question de l'ambition est peu abordée dans l'effectuation. Pourtant, il faut certes démarrer progressivement, mais il faut aussi viser haut pour aller haut. C'est ce que démontre une expérimentation faite avec le saut en hauteur. En retirant la barre, donc sans repère, les meilleurs sauteurs baissent significativement leur performance. Pour ce démarrage progressif, il est aussi très important de bien sélectionner une « verticale », un parti-pris : un besoin, une typologie de client, un produit.

L'ouvrage « crossing the chasm » de Jeoffrey Moore explicite bien l'importance de la phase d'accélération et de la nécessaire structuration de l'équipe pour franchir le gouffre.

>> Impulse partner

Antoine Thuillier - Partner - Mai 2018

Impulse Partner a été fondé en 2012 par Thomas le Diouron. C'est un cabinet de conseil pour la stratégie de croissance et l'innovation, spécialisé dans les domaines du BTP, Immobilier et Industrie. Il ne fait pas de mentoring des startups, de travail sur les business model ou de prise de capital. Antoine réalise une thèse à Dauphine sur les activités de conception dans les incubateurs. Comment sont conçues les offres ? Comment systématiser l'émergence d'évènements fortuits.

Impulse Partner est parti de la demande des groupes et des ETI : « Aidez-nous à rencontrer/travailler avec des startups ! ». Les responsables d'innovations étaient un peu perdus face à la quantité d'information, de salons. Impulse Partner structure alors un portefeuille de startup, et un calendrier de rencontres. Il accompagne l'équipe du groupe pour la mise en place d'une démarche d'innovation.

Impulse Partner a développé des « accélérateurs », c'est-à-dire un écosystème de startup sur une thématique particulière, mis en relation avec un groupe de sociétés. Aujourd'hui 50 groupes sont accompagnés.

6 thématiques sont structurées. Le référencement est gratuit pour les startups. Les groupes cotisent à hauteur de 20K€/an pour accéder au panel de startup, participer à des comités de sélection, obtenir des rendez-vous, participer à des POC,...

Dans ses rencontres, beaucoup de DRH relatent que « beaucoup de cadres veulent créer leur boite ». Ils cherchent donc des solutions nouvelles pour conserver l'engagement de leurs équipes. L'intrapreneuriat touche ses limites et l'extrapreunariat est difficile à mettre en place. Ça bloque généralement au COMEX qui veut d'abord voir une expérience externe réussie. « Prouvez-moi que ça a marché ! ».

C'est basé plutôt sur la conviction. C'est un acte de foi. Comme la publicité, les retombées sont difficiles à réellement mesurer.

Le fait d'avoir des ressources limitées et des « problèmes d'argent » modifie profondément le comportement des acteurs et que l'intrapreneuriat est donc résolument différent d'une démarche entrepreneuriale.

Les indicateurs proposés

Les outils pratiques proposés pour le suivi des initiatives sont présentés en annexe. Tous ces outils sont utilisés par l'initiative ResiCare chez Michelin. Par souci de confidentialité, j'ai présenté des équivalents simplifiés ou issus d'internet.

>> Rapport à l'existant

Taux de client, non-clients, non-utilisateurs, sur la base des clients actuels de la structure

Client actuel : les clients directs de la structure actuelle, à qui les biens et services sont facturés. Exemple : les voyageurs d'AirFrance

Les non-clients : les clients directs potentiels, mais qui utilisent des biens ou services proposés par des entités concurrentes. Exemple : les voyageurs de Luftansa sur une ligne aussi desservie par AirFrance.

Les non-utilisateurs : les clients directs potentiels, mais qui n'utilisent pas les biens et services proposés par l'industrie : Exemple : les voyageurs low-cost.

Pour chaque initiative, le simple tableau suivant peut permettre une vue d'ensemble déjà très structurante pour dissocier une rupture technologique qui va globalement adresser les mêmes clients, d'une d'innovation disruptive qui va plutôt adresser les non-utilisateurs. Le caractère disruptif est bien relatif à la structure d'origine.

Nombre de clients visés par l'initiative	Clients communs avec la structure actuelle (%)	Non-clients de la structure actuelle (%)	Non-utilisateurs de la structure actuelle (%)

>> Courbe de valeur

L'objectif est de montrer à la fois le niveau de réponse de l'offre aux critères habituels, et aussi de montrer l'apparition de nouveaux critères non abordés par les offres habituelles. Cet outil a été proposé par (Kim & Mauborgne, Stratégie Océan bleu : comment créer de nouveaux espaces stratégiques, 2015).

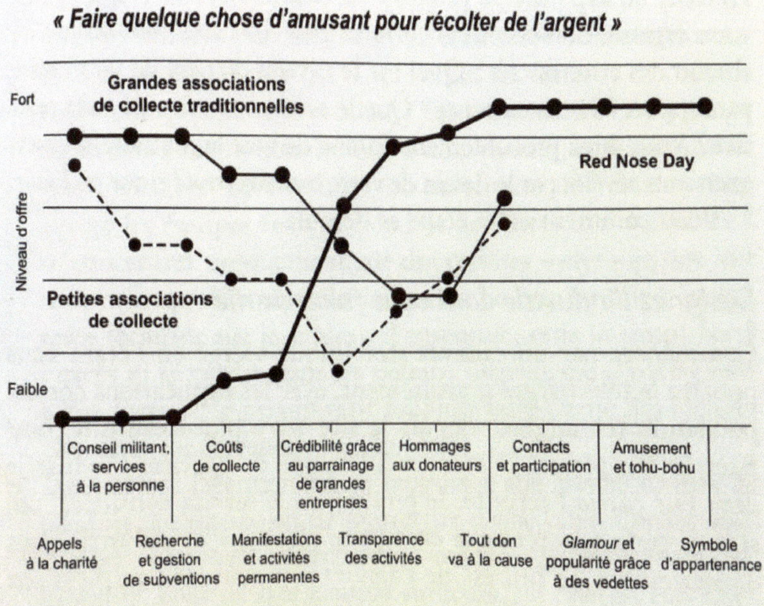

Figure 7.2 Canevas stratégique de Comic Relief

>> Cashflow libre

L'indicateur de cash-flow libre cumulé est un indicateur peu utilisé dans les groupes où le pilotage annuel impose plutôt un suivi des OPEX/CAPEX.

Revenir au cash-flow libre permet de mieux appréhender le niveau de perte acceptable et le pilotage des dépenses en fonction des recettes. Il place le pilotage sur un niveau de risque acceptable plutôt que sur un calendrier.

Il permet de quantifier l'ordre de grandeur du financement nécessaire pour atteindre l'autofinancement. Le focus n'est donc pas mis sur la rentabilité, ou la création de valeur, mais dans un premier temps sur un objectif de quantification de la perte acceptable.

L'exercice d'évaluation de ce montant peut s'avérer difficile pour l'équipe. Il doit cependant être réalisé car il permet de calibrer les moyens engagés et permettra aussi de catégoriser l'initiative dans le portefeuille du groupe.

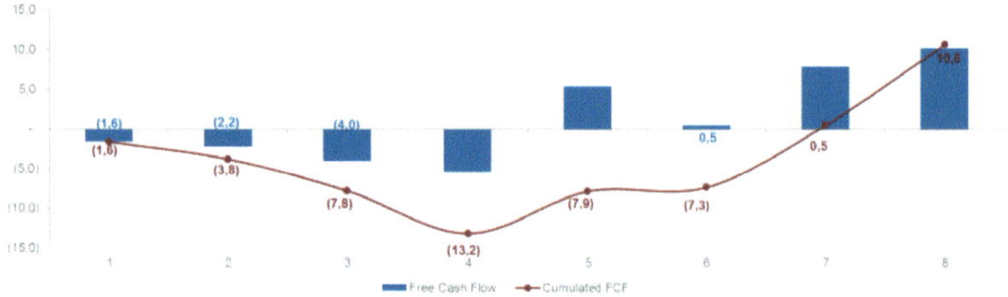

>> Délégations et dérogations

Les délégations et des dérogations doivent être formalisées pour être effectivement applicables et juridiquement recevables. C'est un point important de confirmation de l'engagement de la structure dans une responsabilité accrue de l'équipe de l'initiative. C'est souvent à travers les efforts de mise en place de ces documents que le phénomène des microdécisions et des difficultés opérationnelles du quotidien sont ressenties par l'équipe dirigeante. Le diable est dans les détails et va pouvoir se révéler... En imposant le respect des règles groupes et la mise en place de dérogations et délégations, l'équipe dirigeante se place de facto garante de leur mise en place effective.

Les dérogations peuvent porter sur :

- Les processus achats : seuils d'appel d'offre, termes de paiement, délégation de signature de contrats
- Les partenariats : signature d'accords de confidentialité, de partenariats de développement,...
- Les processus de recrutement : autorisation de recrutements externes, niveaux de rémunérations,...
- Les systèmes d'information : utilisation de systèmes différents sur les sujets commerciaux (CRM), techniques (PLM), opérationnels (gestion de production, ERP,...)
- La formulation d'offres commerciales qui engagent la structure.
- Les dérogations peuvent être regroupées dans un registre des délégations qui sera tenu à jour pour toutes les équipes.

>> Organisation

L'organigramme est habituellement hiérarchique. Pour conserver une orientation centrée sur les fonctions et l'action, je propose de retenir un organigramme fonctionnel sous forme de chaine de Porter. Il permet d'éviter la représentation hiérarchique, tout en s'interrogeant sur les périmètres des différentes fonctions. Il aide à l'identification des interfaces. Il permet aussi d'eviter des représentations non explicites comme des réseaux, ou des représentations non-structurées.

Exemple d'organisation tiré de ResiCare :

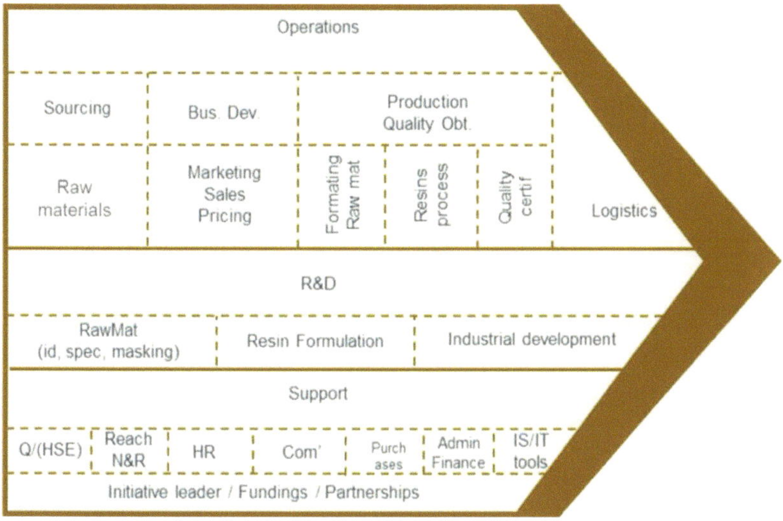

>> TRL/MRL

Réussir à affiner l'offre innovante, tout en délivrant une solution satisfaisante. L'équilibre à trouver est délicat. Pour permettre de mesurer cette progression « en diagonal », je propose un outil de suivi du portefeuille client particulièrement adapté dans le cadre de B2B ou avec un nombre limité de clients.

L'axe horizontal traduit la maturité technique selon l'échelle TRL internationale : Technical Readiness Level

2.1 Niveau TRL

- TRL 1 : observation du principe de base
- TRL 2 : formulation du concept technologique
- TRL 3 : preuve expérimentale de conception
- TRL 4 : validation de la technologie en laboratoire
- TRL 5 : validation de la technologie en environnement réel
- TRL 6 : démonstration de la technologie en environnement réel
- TRL 7 : démonstration du système à l'échelle prototype en environnement opérationnel
- TRL 8 : qualification d'un système complet
- TRL 9 : système réel démontré en environnement opérationnel

L'axe vertical traduit la maturité marché sur une échelle MRL : Market Readiness Level qui cherche à mesurer le niveau de validation marché.

Elle mérite d'être adaptée à chaque contexte business, mais pourrait être définie comme suit :

Stages	%	KPI
		Contact identifié
Suspect - MRL 1/2		Premier rendez vous effectué
		Début d'intérêt détecté (prochaine étape envisagée)
		Interlocuteurs/Décideurs identifiés
		Démonstration effectuée
Prospect - MRL 3/4		Enjeux ciblés
	10%	Premier retour d'intérêt/début d'intention (informel ou formel)
		Sponsors et utilisateurs cibles identifiés
		Intérêt estimé
Lead - MRL 5		Budget cadré
		Concurrence connue
	20%	Type de solution définie et discutée
		Solution définie, discutée : premières itérations / révisions
		Affinage technique et dimensionnement projet/planning
Proposal - MRL 6		Chef de projet DDI nommé
	40%	Process de décision défini et formalisé
		Accord informel
		Finalisation et cadrage proposition
Validation - MRL 7		Budget / Planning
		Process achat enclenché
	60%	Concurrence écartée
		Accord formel sur le contrat
Agreement - MRL 8		Commande en cours
	80%	Validation détails
		Enregistrement de la commande
Order - MRL 9		Communication rédigée
	100%	Budget et Planning engagés

Le croisement de ces deux indicateurs permet d'aboutir à un graphique de ce type, avec une évolution progressive des « bulles » au fur et à mesure de l'avancement de l'initiative.

A l'intérieur du graphique, on peut définir des espaces de différentes maturités :
3/3 : Evaluation de la Customer value Proposition
5/5 : Evaluation de la Faisabilité opérationnelle
7/7 : Proof of concept
9/9 : Ventes récurrentes

On peut ainsi se fixer des objectifs d'entrée d'un certain nombre de clients dans les différents espaces de maturité.

La couleur de la bulle peut avantageusement servir pour traduire une troisième dimension : le marché visé, la taille du prospect,...

Chaque bulle peut contenir le nom du client/prospect.

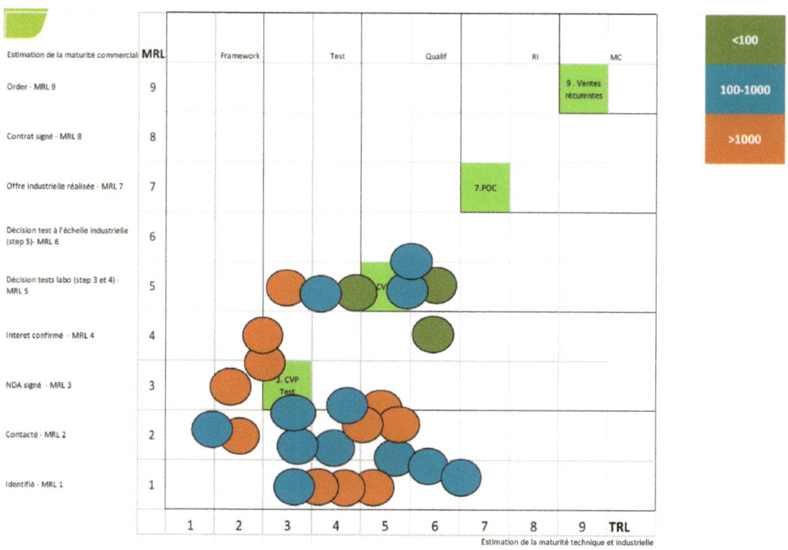

>> Cartographie des concurrents

La cartographie des concurrents est souvent difficile à structurer car leur nature peut être très différente avec une concurrence directe ou partielle.

A l'usage, j'ai remarqué que l'utilisation de cette matrice permet de classer utilement les différents compétiteurs au fur et à mesure de leur identification.

L'axe horizontal, « completeness of vision » peut éventuellement être reformulé en « completeness of offer » ou taux de couverture des marchés, en nos marchés ciblés et les marchés adressés par le concurrent.

Source: Gartner (July 2017)

>> Carte stratégique

La carte stratégique de Porter est un outil particulièrement utile pour s'interroger sur la combinaison d'activité qui fait ou fera la force du business. Il oblige à la synthèse et à bien définir l'essence de l'initiative.

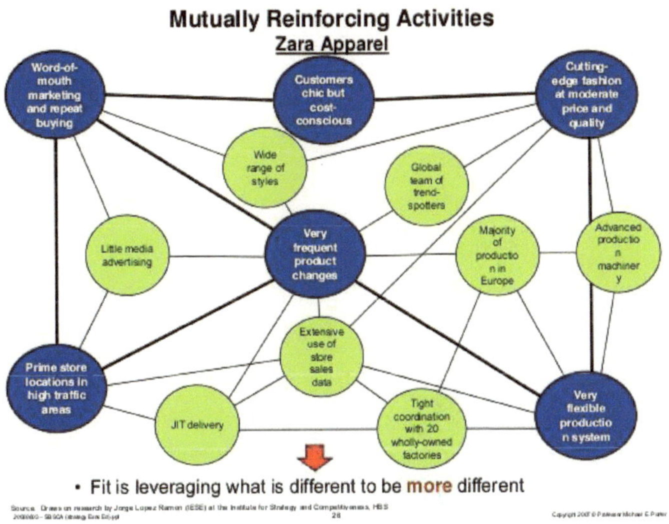